La Métho
PILATES
chez SOI

KELLINA STEWART

LE COURRIER DU LIVRE
21, RUE DE SEINE
75006 PARIS

Titre original :
Pilates at Home

Publié pour la première fois en Grande-Bretagne
en 2001 par
Carroll & Brown Publishers

Directeur de publication Becky Alexander
Directeur artistique Adelle Morris
Concepteur Roland Codd
Rédacteur Kirsten Chapman
Assistante d'édition Kelly Thompson
Photographie Jules Selmes

ISBN 2-7029-0455-6

http://www.tredaniel-courrier.com

e-mail : tredaniel-courrier@wanadoo.fr

Traduit de l'anglais par Antonia Leibovici

SOMMAIRE

Introduction   4

Qu'est-ce que le Pilates ?   5

Les principes du Pilates   8

Comment s'exercer
   efficacement   10

Comment fonctionne
   le programme   12

LE PROGRAMME BASIQUE   16

La Centaine   18

L'Enroulement   20

Cercles avec une jambe   22

Enroulement en boule   24

Étirement d'une jambe   26

Étirement des jambes   28

Étirement spinal en avant   30

LE PROGRAMME PRINCIPAL   32

La Centaine   34

L'Enroulement   36

Cercles avec une jambe   38

Enroulement en boule   40

Étirement d'une jambe   42

Étirement des jambes   44

Une jambe rectiligne   46

Jambes rectilignes   48

Entrecroisement   50

Étirement spinal en avant   52

Bascule de la jambe tendue   54

Le Tire-bouchon   56

La Scie   58

Roulement du cou   60

Coups avec une jambe   62

Coups avec les jambes   64

Traction du cou   66

Coups de jambe latéraux   68

Va-et-Vient   70

Petits cercles   72

Fouettements des jambes   74

Cardage   76

Le Sceau   78

LE PROGRAMME FACULTATIF   80

Contracter les biceps   82

L'Insecte   84

Fermeture éclair   86

Raser la tête   88

Cercles avec les bras   90

Glisser sur le mur   92

Rouler sur le mur   94

Index   96

Remerciements   96

Lectures conseillées   96

INTRODUCTION

Populaire dans le monde entier, le Pilates est une excellente façon de développer un corps tonifié et svelte. Améliorer l'aspect de son corps n'est cependant pas tout. En plus d'une perte de poids et d'un corps avenant, le Pilates offre de nombreux bienfaits, parmi lesquels l'apprentissage de la pensée positive, la vitalité, l'équilibre et un nouveau sentiment de bien-être. Beaucoup de gens qui ont intégré le Pilates dans leur vie quotidienne ont obtenu d'étonnants résultats et y ont trouvé une nouvelle énergie, répercutée à tous les aspects de leur vie.

Pour suivre ce programme, une expérience précédente du Pilates n'est pas exigée : les étapes simples permettent de l'adapter à toutes les capacités.

MODE DE VIE EXIGEANT. L'un des paradoxes de la vie moderne est qu'à mesure qu'on s'appuie sur la technologie pour exécuter nombre de tâches, le temps libre diminue au lieu d'augmenter. Des preuves statistiques et anecdotiques indiquent que notre génération est plus stressée que toutes les autres précédentes, de par les attentes plus grandes : plus d'heures de travail, une vie sociale affairée, des relations formidables et une apparence sensationnelle.

La Méthode Pilates chez soi prend en compte ce mode de vie moderne très chargé. Si, par exemple, vous avez des obligations familiales ou de travail qui rendent difficile de suivre un cours régulier, effectuez ce programme chez vous ou dans votre chambre d'hôtel.

COMMENT UTILISER CE LIVRE

Prenez le temps de lire attentivement l'introduction avant d'essayer les exercices. Celle-ci comprend les informations nécessaires pour exécuter correctement et sans danger les techniques. Commencez par le Programme basique en page 16. Passez au Programme principal, débutant en page 32, seulement quand vous avez appris à fond ce premier chapitre.

Ce livre a été conçu pour faciliter la maîtrise rapide des exercices. Chaque double page est consacrée à un exercice : la page de gauche donne des informations générales à son sujet, la page de droite montre comment l'effectuer.

Des visualisations vous aideront à obtenir le résultat désiré.

Lisez les points "Objectif" et "Rappel" de chaque page, pour tirer le maximum de l'exercice. Si vous avez mal, lisez les encadrés "Mise en garde" avant de tenter un exercice.

Qu'est-ce que le Pilates ?

Portant le nom de son créateur, Joseph Pilates (voir ci-dessous), le Pilates est une association unique d'exercices, à effectuer selon un ordre spécifique. Chaque exercice conduit avec fluidité au suivant, consolide constamment le "centre" du corps – terme qui désigne les muscles de l'abdomen, du bas du dos, des fesses et de la face interne des cuisses – et se base sur sa force. Afin de créer un physique équilibré et de corriger toute faiblesse existante dans le corps, ces exercices exigent la réalisation d'un petit nombre de répétitions précises et contrôlées. La grande diversité d'exercices vous épargne l'ennui ou la fatigue.

LES ORIGINES DU PILATES. La méthode Pilates a été originalement conçue par Joseph Pilates. Né en 1880 en Allemagne, celui-ci a consacré sa vie à une étude de la physiologie humaine et des façons de la fortifier et de l'améliorer. Les études modernes ont confirmé la validité de ses intuitions, ce qui a induit récemment une résurgence de la popularité du Pilates.

En 1926, Pilates s'est installé à New York, où sa méthode a été très appréciée par les athlètes et les artistes, surtout les boxeurs, les gymnastes, les danseurs et les acteurs. Beaucoup de danseurs célèbres fréquentaient le Pilates Studio de la 8ème Avenue quand ils souffraient d'une faiblesse ou d'une blessure. Certains ont été si impressionnés par les résultats qu'ils ont continué leurs leçons de Pilates bien après la guérison de leurs problèmes. Avec le temps, les gens de toutes les couches sociales ont fait l'expérience des bienfaits du Pilates.

LE "CENTRE" DU CORPS

Cette zone, le "centre" du corps selon Pilates, englobe les muscles de l'abdomen, du bas du dos, des fesses et de la face interne des cuisses.

Joseph Pilates. Concepteur de la méthode Pilates, celui-ci a été un pionnier dans le domaine de la physiologie humaine. Le monde entier a bénéficié de son œuvre.

Comment fonctionne le Pilates

Si vos exercices habituels vous ennuient, c'est peut-être parce qu'ils négligent votre mental. La spécificité du Pilates est la concentration du mental sur les muscles, afin de fortifier et d'étirer le corps. D'autres systèmes d'exercice tendent à se focaliser sur les muscles superficiels ou sur certaines zones du corps pour les rendre plus volumineuses. En résumé, le Pilates conduit à une force pleine de grâce, celle qu'on s'attend à voir dans le corps d'un danseur. Le Pilates a du succès parce qu'il utilise autant le mental que le corps pour vous aider à atteindre vos buts.

UNE APPROCHE HOLISTIQUE. Joseph Pilates avait défini sa méthode comme étant "une coordination complète du mental, du corps et de l'esprit." Exécuter des exercices Pilates exige de la concentration. Avec de la pratique, vous constaterez que votre mental est attentif à ce que vous faites. D'autres types d'exercices peuvent ennuyer le mental, qui ne se concentre plus et se met à penser à des dates à respecter ou au dîner à préparer. Beaucoup trouvent le Pilates très relaxant, car celui-ci permet de laisser de côté les stress de la vie quotidienne. Avec une coordination totale du mental, du corps et de l'esprit, les exercices vous apprennent progressivement le contrôle total de votre corps.

VISUALISATION. La visualisation fait partie des techniques auxquelles vous pouvez faire appel pour garder l'attention sur votre action. Afin de dépasser leurs limites, les athlètes modernes sont formés aux techniques de visualisation. La même technique utilisée dans le contexte des exercices Pilates vous aidera à atteindre vos objectifs. Par exemple, en effectuant l'Enroulement en boule (voir pages 24-25 et 40-41), visualisez-vous comme une boule, de sorte à mettre automatiquement toutes les parties de votre corps dans la forme désirée.

Concentration et contrôle. Le Pilates exige une totale coordination du mental, du corps et de l'esprit pour effectuer correctement et efficacement les mouvements.

Les bienfaits du Pilates

Dans un monde où les conseils de santé changent sans cesse, le Pilates fait partie des quelques types d'exercices fiables, ayant fait leurs preuves. Ses nombreux bienfaits incluent une amélioration de :

LA SOUPLESSE. L'adulte moyen passe ses journées assis à un bureau, dans une voiture, devant la télé et dans des positions inconfortables lorsqu'il travaille. La gamme naturelle de mouvements du corps se réduit de plus en plus, et il faut s'étirer et s'exercer afin de compenser ces effets de la vie quotidienne. Le Pilates est une merveilleuse façon d'étirer le corps et de se détendre après une journée fatigante. Si vous vous entraînez ou courez régulièrement, votre besoin d'étirement est encore plus grand, car les mouvements excessifs répétitifs raccourcissent les muscles.

L'ALIGNEMENT CORPOREL. Mettant l'accent sur l'alignement et la symétrie, le Pilates est particulièrement efficace pour équilibrer le corps. La plupart des gens ont un côté du corps plus développé que l'autre. Par exemple, une jambe sera légèrement plus longue ou les muscles d'une épaule plus souples. Le déséquilibre est aussi causé par le mouvement répétitif, comme celui du tennisman ou du rameur, qui entraîne des milliers de fois des groupes particuliers de muscles dans le même déplacement asymétrique.

LA VIVACITÉ MENTALE. Pilates parle "d'extraire l'air des poumons." Il considérait que l'inspiration et l'expiration libèrent des toxines provoquant apathie et fatigue. Actuellement, il est généralement accepté qu'une respiration efficace pendant l'exercice améliore la qualité du sang fourni à l'organisme et donc le degré de vivacité. Les exercices Pilates restaurent la sérénité et induisent une réflexion claire.

LA GESTION DU STRESS. Tout le monde est stressé de temps à autre. Le stress doit être géré si on ne veut pas qu'il prenne le contrôle. Pour beaucoup de gens, la combinaison de concentration, de respiration correcte et d'implication mentale présente lorsque le corps s'exerce, diminue les effets du stress.

LA FORME ET LA POSTURE DU CORPS. Un corps bien sculpté est parmi les principaux bienfaits d'une utilisation régulière du Pilates. Les exercices sont conçus pour promouvoir l'équilibre entre les groupes de muscles et étirer le corps. Vos muscles s'allongent, les muscles du "centre" sont constamment en usage, ce qui améliore la forme et la posture globale du corps.

Un exercice pour le mental et le corps.
Le Pilates apporte de nombreux bénéfices, parmi lesquels une meilleure souplesse, forme et posture du corps. C'est aussi une excellente façon de diminuer le stress.

Les principes du Pilates

Chaque exercice comprend certains éléments de base du Pilates. Ces éléments communs sont exprimés sous la forme d'une série de principes, énumérés ci-dessous. En avançant dans le programme, essayez de les garder à l'esprit pour tirer le maximum de votre séance. La section "Rappel" de chaque page rafraîchira votre mémoire. Si vous débutez le Pilates, apprenez un principe à la fois au lieu de tenter de les maîtriser tous immédiatement.

CENTRAGE. Les groupes de muscles de votre abdomen, de vos fesses, de la face interne des cuisses et du bas du dos forment votre "centre" ou "ceinture de force". Un "centre" fort est essentiel durant le Pilates, car il est le pivot de contrôle de tous les autres mouvements, même lorsque ceux-ci semblent utiliser uniquement les extrémités du corps. Chaque mouvement fait appel à ces muscles. Si vous voulez effectuer les exercices en les contrôlant, vous devrez vous concentrer sur cette zone de votre corps.

RESPIRATION CORRECTE. En inspirant et en expirant profondément, votre sang se charge en oxygène tout en éliminant les toxines. Ce processus favorise le travail efficace des muscles et aiguise l'esprit. Le rythme de la respiration compte beaucoup. Les exercices sont coordonnés avec des souffles profonds. La respiration aidera aussi à effectuer les exercices de façon contrôlée. Chaque exercice comprend des indications précises pour vous aider à respirer efficacement, à la bonne étape du mouvement.

La respiration naturelle est quelque peu superficielle, mais c'est là une mauvaise habitude qui peut affecter l'ensemble du corps. Il est important de respirer à fond et de ne pas retenir son souffle en exécutant les exercices Pilates. Inspirez profondément en remplissant vos poumons d'air, puis expirez complètement pour les vider. Visez à inspirer sans ressortir la poitrine, lever les épaules ou dilater le ventre. Ne vous inquiétez pas si le début est difficile, car avec le temps ce mode de respiration deviendra une seconde nature.

PRÉCISION. Pour tirer profit des exercices Pilates, vous devez prendre votre temps et vous concentrer sur l'exécution correcte et contrôlée du mouvement. Ne négligez aucun détail des instructions. Concentrez-vous sur ce que vous faites et soyez attentif au moment présent. Avec le temps, votre précision s'améliorera et vos efforts porteront leurs fruits.

Préparation attentive. C'est la première étape de la Bascule de la jambe tendue (voir pages 54-55). Il est important de vous concentrer sur la respiration et le "centre" avant de commencer un exercice.

CONTRÔLE. Dans tout sport ou mouvement physique, le savoir-faire est très lié au contrôle. Il faut une grande maîtrise pour envoyer une balle de tennis juste à l'intérieur du terrain ou exécuter un tour parfait sur les skis. Le Pilates exige le même degré de contrôle. Si vous effectuez soigneusement les exercices, vous concentrerez votre effort, bénéficierez davantage du mouvement et progresserez plus vite, tout en minimisant le risque de blessure.

CONCENTRATION. Fixez votre mental sur vos mouvements et notez de quelle façon les muscles sont contrôlés par vos pensées. Quand vous perdez votre concentration et laissez errer votre mental, vos efforts sont gaspillés. Visez à maintenir votre attention durant chaque mouvement.

FLUIDITÉ. Pilates a conçu chaque exercice pour qu'il passe avec fluidité au suivant avec un minimum de mouvement intermédiaire et une "dynamique énergétique". Autrement dit, il n'y a pas de mouvements gauches et maladroits, les exercices sont gracieux et détendus. En effectuant ce programme, laissez circuler votre énergie d'un bout à l'autre du corps, d'un exercice à l'autre. Chaque page explique comment se préparer pour l'exercice suivant dans l'encadré "Étape suivante…". Quand vous débutez au Pilates, vous aurez parfois besoin de vous reposer entre les exercices.

TRAVAILLER AVEC LA CHARPENTE. Imaginez un rectangle tracé entre vos hanches et vos épaules. Joseph Pilates a désigné cette zone par le terme "charpente". L'exercice garde cette "charpente" forte, même quand les mouvements se déroulent en dehors d'elle : par exemple, quand les bras se déplacent sur les côtés durant l'Étirement des jambes (voir pages 44-45). Essayez de maintenir vos mouvements à l'intérieur des lignes prolongées de ce rectangle, de sorte que les bras soient en ligne avec les épaules et les jambes avec les hanches.

Courant d'énergie. Chaque exercice est conçu pour passer avec fluidité au suivant, de façon contrôlée et sans à-coups. La séquence ci-contre montre les positions de l'Étirement des jambes passant à l'Entrecroisement (voir pages 48-51).

Comment s'exercer efficacement

Il faut de la pratique pour devenir habile en quoi que ce soit ; apprendre un savoir-faire signifie prendre conscience de certains éléments permettant de maîtriser la tâche en cours. Si vous êtes un débutant, vous devez réfléchir d'abord. Prenez votre temps pour les exercices et soyez attentif à tous les détails des instructions. Avec plus de pratique, il vous suffira de vous référer aux photos. Voici quelques astuces à prendre en compte en commençant ce programme :

RENTREZ LE VENTRE. Avant d'entamer tout exercice, rentrez les abdominaux en les rapprochant du bas du dos et de la colonne vertébrale, comme si vous essayez de rendre votre nombril concave. Gardez les abdominaux tendus, le coccyx étiré pour protéger votre bas du dos. N'oubliez pas de respirer !

CONTRÔLEZ LA CAGE THORACIQUE. Quand vous levez les bras, la cage thoracique tend à se soulever et à ressortir. Quand votre expérience vous permettra de remarquer cette tendance, essayez de la

Position incorrecte. Le bas du dos est cambré, le cou et les épaules crispés. S'exercer dans cette position risque d'être nuisible.

Corriger votre position. Travaillez lentement et avec contrôle afin de pouvoir surveiller la position de votre corps.

Position correcte.
Comparez à la photographie du coin supérieur droit. Ici, le ventre est rentré, créant un "centre" fort. Le cou est long et détendu, les épaules basses.

corriger en maintenant la cage thoracique abaissée lorsque vous levez les bras. La colonne vertébrale sera étirée et le dos ne se voûtera pas. Quand vous réussissez à contrôler votre cage thoracique ainsi, vous avez franchi un jalon important au Pilates.

RELAXEZ LES ÉPAULES ET LE COU. Vous avez parfois du mal à laisser aller la tension dans les épaules et le cou en effectuant certains exercices. Votre cou, partie de la colonne vertébrale, a besoin d'être aligné avec le reste de celle-ci : c'est une erreur répandue de tordre le cou en s'exerçant. Quand vous êtes couché sur le tapis d'exercice, surveillez la position du cou et regardez devant vous. Laissez vos épaules s'éloigner de vos oreilles. Les épaules et la poitrine doivent rester ouvertes pour que vous respiriez efficacement.

S'ENROULER ET SE DÉROULER. La colonne vertébrale est formée de 24 petits os, chacun protégé par du cartilage. Cette structure confère flexibilité et mobilité à la colonne vertébrale, qui est étayée par les muscles. Des problèmes comme un dos en mauvais état se manifestent en cas de muscles dorsaux faibles ou de disques intervertébraux endommagés, qui diminuent la flexibilité de la colonne. Pour favoriser la mobilité et fortifier les muscles dorsaux, prenez soin de votre colonne vertébrale en vous servant d'une action de roulement et de déroulement lorsqu'un exercice l'exige, par exemple pour l'Enroulement (voir pages 20-21 et 36-37).

VISUALISATION. Vous trouverez dans ce livre une visualisation pour chaque exercice, contribuant à son exécution plus efficace. Par exemple, le Tire-bouchon (voir pages 56-57) demande de visualiser un cercle tracé avec la jambe. La visualisation est parfois difficile au début, mais avec de la pratique les images rendront l'exercice plus clair.

LA POSTURE PILATES. À chaque fois qu'un exercice commence avec les talons joints, assumez la posture Pilates. On s'assure ainsi que vous faites travailler les bons muscles et stabilisez la partie inférieure du corps, action importante que vous soyez étendu ou debout. La plupart des exercices incluent l'indication "dans la posture Pilates", assumée en suivant les étapes ci-dessous :

1 Tournez légèrement vos jambes vers l'extérieur.

2 Joignez fermement la face interne des talons et rentrez la face interne des cuisses. Imaginez que vous essayez de tenir une feuille de papier entre les cuisses.

3 Raidissez les fesses et l'arrière des cuisses. Essayez ce faisant de ne pas soulever le coccyx.

4 Allongez les jambes pour étirer leurs muscles.

Comment fonctionne le programme

Joseph Pilates a conçu son programme en s'appuyant sur sept exercices. Ceux-ci figurent au Programme principal, quoique le présent livre commence par leurs variantes modifiées, convenant mieux aux débutants. Vous les voyez à droite. Une explication détaillée se trouve à la section Programme basique qui commence en page 16.

Il est important d'effectuer les exercices en respectant l'ordre donné. Si vous souffrez d'une blessure qui vous empêche de faire aisément certains mouvements, vous pouvez omettre l'exercice. Regardez dans ce cas les encadrés "Mise en garde".

Le Programme basique est formé par sept exercices. Ils vous enseigneront les principes du Pilates et amélioreront votre équilibre, votre contrôle et votre force, afin de vous préparer pour les exercices du Programme principal.

1 La Centaine

2 L'Enroulement

3 Cercles avec une jambe

4 Enroulement en boule

5 Étirement d'une jambe

6 Étirement des jambes

7 Étirement spinal en avant

Lorsque vous avez maîtrisé le Programme basique, ajoutez un exercice du Programme principal à la fois, en commençant par la variante standard de la Centaine (à droite).

1 La Centaine (Programme principal)

AJOUTEZ DE NOUVEAUX EXERCICES. Lorsque vous avez réalisé votre Programme basique en six séances distinctes, introduisez progressivement des exercices du Programme principal, selon l'ordre indiqué. Quand vous avez maîtrisé un exercice, ajoutez en un autre, en respectant la séquence correcte. Si vous préférez, ajoutez un seul exercice par semaine ; si un exercice particulier vous semble facile, ajoutez-en deux.

Quand recourir au Pilates
Si vous voulez ajouter le Pilates à vos séances de mise en forme ou effectuer uniquement ce programme, il suffit de l'exécuter quatre fois par semaine.

La fréquence de vos exercices

La philosophie de Pilates prône la qualité avant la quantité. Il vaut mieux faire bien quelques exercices qu'exécuter vite tout le programme. En acquérant de l'expérience, vous effectuerez les exercices en moins de temps, car vous n'aurez plus à lire les instructions et passerez avec fluidité d'un mouvement à l'autre. Il faut de la patience et de la persévérance pour atteindre ce stade. Certains jours vous aurez l'impression que votre progression s'est ralentie, mais c'est normal quand on apprend un nouveau savoir-faire. Vous vous améliorerez davantage avec le temps.

Joseph Pilates conseillait d'effectuer le Pilates quatre fois par semaine, mais si le temps vous manque, vous tirerez bénéfice même d'un programme réduit. Laissez passer un jour entre les séances, pour que votre corps se repose, assimile l'effort physique et absorbe la nouvelle information.

Combien de temps faut-il ?

Le temps nécessaire à chaque séance dépend du nombre d'exercices que vous ajoutez à partir du Programme principal, ainsi que de votre degré de familiarité avec les exercices. Quand vous débutez au Pilates, chaque exercice prend 1 à 2 minutes. Le Programme basique, avec des repos, prend environ 20 minutes. En passant au Programme principal, la séance prendra environ 45 minutes, en fonction du repos que vous vous accordez et de l'ajout d'exercices du Programme facultatif (voir page 80). Si vous êtes à court de temps, effectuez seulement le Programme basique ou l'un des Mini-Programmes (ci-dessous).

MINI-PROGRAMMES

■ Pour alléger le stress à la fin d'une longue journée ou durant la pause de midi au bureau, effectuez les trois premiers exercices soit du Programme basique, soit du Programme principal. Ils stimuleront vos muscles et apaiseront en même temps votre esprit.

■ Prenez un moment pour vous étirer en effectuant la Série du Mur (voir pages 90 à 95) ou juste le Roulement sur le Mur (voir pages 94-95), excellentes façons de détendre le dos et la partie supérieure du corps.

■ Si vous avez du mal à vous endormir, essayez l'Enroulement en boule (voir pages 24-25 et à droite).

Le nécessaire

Pour tirer le maximum de votre séance de Pilates :

ÉVITEZ LES INTERRUPTIONS. Réservez une période où vous ne serez pas dérangé. Cela vous aidera à vous concentrer sur les exercices et à résister à toute tentation de les accélérer. Assurez-vous de ne pas être perturbé par la sonnerie du téléphone, du fax, etc.

DISPOSEZ D'ASSEZ DE PLACE POUR BOUGER. Votre espace d'exercice doit être suffisamment grand pour vous permettre d'être étendu sur le tapis et tendre les bras au-dessus de la tête et latéralement. Votre zone de travail doit inclure aussi une partie de mur libre assez grande pour que vous vous teniez contre lui les bras levés au-dessus de la tête, en avant et sur les côtés.

TRAVAILLEZ DANS UNE PIÈCE BIEN AÉRÉE. Il est préférable d'avoir une source d'air frais ; essayez d'éviter la climatisation. Si possible, ouvrez une fenêtre.

PORTEZ DES VÊTEMENTS APPROPRIÉS. Le choix de ce que vous portez pour ces exercices vous appartient. Il peut s'avérer utile de mettre un collant ajusté pour voir la forme de votre corps. Ne portez pas d'habits gênant vos mouvements, surtout autour de la taille. Le Pilates est effectué pieds nus. Vous pouvez aussi mettre des chaussettes ou des chaussons de danse.

UTILISEZ UN TAPIS D'EXERCICE. Choisissez un tapis qui protégera votre colonne vertébrale lorsque vous exécutez des exercices au sol. Celui-ci doit être plus épais qu'un tapis de yoga et pas trop moelleux, ce qui rendrait l'équilibre difficile, au moins aussi long que votre taille et une fois et demie plus large que votre corps. Un tapis de physiothérapie est idéal.

Si votre cou est faible ou si votre posture tend à vous faire regarder en arrière lorsque vous êtes étendu sur le dos, il est utile de placer une serviette pliée ou un petit oreiller ferme sous votre tête quand vous effectuez les exercices. Prenez soin de le placer sous la tête et non pas sous le cou. (Ce conseil ne s'applique pas aux gens ayant subi des blessures graves du cou, comme le coup du lapin. Dans ce cas, demandez conseil à votre médecin avant d'entamer le Pilates.)

Exercez-vous en sécurité

Le Pilates peut paraître facile et modéré, mais il implique la participation des muscles profonds d'une manière ardue et éprouvante. Lisez les conseils de sécurité suivants avant de commencer les exercices :

■ Si vous êtes malade, si vous avez subi récemment une opération ou un traitement médical, si vous êtes enceinte, si vous avez accouché au cours des trois mois précédents, n'effectuez pas ce programme sans l'accord de votre médecin.

■ Si vous êtes en bonne santé, mais débutez au Pilates, n'oubliez pas que vous vous embarquez dans une nouvelle manière de vous exercer, faisant appel à des muscles que vous n'avez probablement pas utilisés depuis longtemps. Écoutez votre corps et si vous ressentez une quelconque douleur, arrêtez l'exercice.

■ Si vous n'êtes pas à l'aise en effectuant un exercice, arrêtez et lisez de nouveau les indications. Vous avez peut-être négligé un détail important et avez ainsi rendu l'exercice plus difficile.

■ Ne forcez jamais votre corps à faire un quelconque exercice. Il y a une différence entre se concentrer pour réaliser un mouvement difficile et épuiser votre corps. Surveillez soigneusement chaque exercice pour éviter cette erreur.

Si vous ne vous sentez pas à l'aise pendant ou après un exercice particulier (en ayant revu et suivi les indications), il se peut : que vous ayez débuté le Programme principal trop tôt, que vous soyez incapable d'effectuer un mouvement en raison d'une blessure ancienne ou d'un mauvais alignement postural ou que vous ayez travaillé trop à partir de vos extrémités et pas assez à partir de la "ceinture de force". Dans tous ces cas, concentrez-vous sur les exercices du Programme basique jusqu'à ce que votre force s'accroisse. Si vous pouvez effectuer aisément le Programme basique, omettez l'exercice problématique. Essayez de le réintroduire (dans l'ordre initial) quand votre corps est plus fort.

Genoux faibles. Si vous avez des problèmes de genoux, lisez les encadrés "Mise en garde" sur les pages d'exercice. Évitez de placer les mains sur les genoux – tenez la jambe sous le genou, sur la cuisse.

Cou douloureux. Si vous avez mal au cou en effectuant certains exercices, placez une serviette roulée sous la tête. Ne la placez surtout pas sous le cou, car ce positionnement poussera la tête en avant.

LE PROGRAMME BASIQUE

Cette section comprend sept exercices
qui vous introduisent aux principes du
Pilates. Ils vous aideront aussi à
développer le "centre" de votre corps,
ainsi que votre compréhension du
fonctionnement du Pilates.

En exécutant chaque exercice, progressez lentement. Lisez toutes les instructions, regardez attentivement les photographies. Quand vous avez appris comment effectuer correctement l'exercice, votre objectif sera d'améliorer sa réalisation. Des détails subtils font la différence entre effectuer le Pilates correctement et incorrectement.

Les sept exercices se retrouvent aussi dans le Programme principal, sous la forme plus complexe conçue par Joseph Pilates. Votre but final est d'exécuter les variantes du Programme principal avec force et contrôle. Il est cependant important que vous ne passiez pas à celles-ci avant d'être prêt. Si vous êtes blessé et incapable d'effectuer un exercice particulier autrement que dans sa forme de base, gardez cette variante-là même si vous passez au Programme principal. Vous devez toutefois respecter l'ordre indiqué.

UTILISER LE PROGRAMME BASIQUE. Pour effectuer la plupart de votre séance Pilates, il est important de maîtriser les exercices du Programme basique avant de vous attaquer à ceux du Programme principal. Visez à effectuer au minimum six fois le Programme basique avant d'aller de l'avant. Travaillez à votre rythme et n'oubliez pas :

- Il est inutile d'effectuer plus de répétitions qu'indiqué. Si un exercice s'avère trop difficile pour vous, essayez de le répéter moins de fois.

- Ne vous précipitez pas en effectuant les exercices. Débutant, vous devez exécuter chaque mouvement à une allure permettant de corriger les erreurs. Si vous travaillez trop vite, vous ne remarquerez pas le mouvement incorrect.

- Si vous avez du mal à coordonner votre respiration avec le mouvement, ne vous inquiétez pas. À mesure que les exercices deviennent fluides, le rythme des mouvements et la respiration correcte s'harmonisent.

- Les visualisations vous aideront à vous concentrer sur votre technique et, en particulier, sur l'utilisation correcte de la ceinture de force de votre corps.

ÉTIREZ ET DÉTENDEZ

Si nécessaire, réservez du temps à la fin de chaque exercice pour vous étirer et vous détendre. Ramenez les genoux contre la poitrine le temps de bien étirer votre bas du dos et reposer vos muscles abdominaux.

La Centaine

Cet exercice est conçu pour vous aider à vous concentrer sur la respiration, échauffer le corps et activer la circulation en vue des exercices suivants.

Objectif

- Commencer par 2 à 3 séries de 10 mouvements. À mesure que vous devenez plus fort, augmentez le nombre de séries jusqu'à 10. C'est la "centaine" que vous visez.

Rappel

- Votre modèle de respiration doit être une inspiration longue, une expiration longue. Essayez de ne pas haleter.

- Gardez le dos "collé" au tapis en rentrant le ventre, comme si le nombril touchait la colonne vertébrale.

- Les faces internes des jambes doivent être jointes, de sorte à pouvoir utiliser la force de la partie interne des cuisses et des fesses.

- Si votre cou fatigue pendant cet exercice, placez la tête sur le tapis.

MISE EN GARDE

Si votre cou est faible, placez la tête sur le tapis ou sur un oreiller jusqu'à ce que vous soyez plus fort.

VISUALISEZ ooO

vos poumons se remplissant en inspirant et se vidant en expirant.

1 Couchez-vous sur le dos au centre de votre tapis, les bras le long du corps, paumes tournées vers le bas. Fléchissez les jambes de sorte que les cuisses soient verticales et les mollets parallèles au tapis. Assurez-vous que les faces internes des jambes sont fermement jointes, les pieds allongés et détendus, le coccyx "collé" au tapis.

2 Ramenez la tête vers la poitrine et regardez vers votre nombril. Tendez les bras en avant en ligne avec les épaules, en levant les omoplates du tapis pour faire travailler vos abdominaux.

3 Inspirez en comptant jusqu'à 5, levez et abaissez les bras de même. Expirez et répétez le mouvement des bras en comptant jusqu'à 5.

Voilà une série. Effectuez 2 à 3 séries quand vous commencez ce programme. Allez jusqu'à 10 séries maximum.

ÉTAPE SUIVANTE...

La tête sur le tapis, ramenez les genoux contre la poitrine. Puis placez les pieds sur le tapis, pour débuter l'Enroulement.

L'Enroulement

Cet exercice vous apprend comment utiliser vos abdominaux pour contrôler le mouvement de la colonne vertébrale. Il est parfait pour augmenter la flexibilité de votre dos et des tendons de vos jarrets.

Objectif

- S'enrouler et se dérouler une vertèbre à la fois en rentrant le ventre.

Rappel

- "Collez" vos jambes au tapis en engageant la face interne des cuisses, la face postérieure des cuisses et les fesses.

- Quand vos bras s'élèvent au-dessus de votre tête, ne laissez pas vos épaules monter vers les oreilles.

- Étirez continuellement les bras en vous enroulant et vous déroulant.

- Faites attention à ne pas aller trop loin à la fin du mouvement, afin de ne pas perdre le contrôle du "centre".

VISUALISEZ°°°

votre colonne vertébrale formant la lettre "C" en vous enroulant vers le haut et vers l'avant.

1 Étirez les bras au-dessus de la tête jusqu'à ce qu'ils soient derrière vous, en ligne avec les oreilles. Gardez les bras dans la prolongation de vos épaules.

2 Inspirez et étirez les bras vers le plafond. Étirez ensuite les bras en avant. Ramenez alors le menton vers la poitrine et redressez-vous en enroulant une vertèbre à la fois.

3 Expirez pour continuer à vous enrouler vers l'avant. Quand vos mains dépassent les genoux, redressez les jambes à plat sur le tapis. Joignez la face interne des cuisses en vous redressant. Les bras sont tendus en avant, parallèles au tapis.

4 Inspirez et inversez le mouvement, vous enroulant en arrière, une vertèbre à la fois. Rentrez fermement le ventre. Expirez, en étirant les bras vers le plafond, puis en les faisant revenir au-dessus de la tête. **Répétez de 3 à 5 fois.**

ÉTAPE SUIVANTE...

La tête sur le tapis, ramenez les genoux contre la poitrine. Placez vos pieds sur le tapis, pour passer aux Cercles avec une jambe.

Cercles avec une jambe

Cet exercice est excellent pour accroître la flexibilité et la force de vos hanches. En outre, il renforce le "centre" et tonifie la jambe utilisée.

Objectif

- À mesure que la flexibilité de vos hanches et la force du "centre" s'améliorent, augmentez la taille de vos cercles et les décrire avec fluidité, surtout lors du mouvement montant.

Rappel

- Faites attention à ne pas soulever vos hanches du tapis.

- Assurez-vous que votre jambe levéc est bien verticale, étirée et légèrement tournée vers l'extérieur à partir de l'articulation de la hanche.

- Faites démarrer chaque cercle à partir des abdominaux.

- Ne bougez pas le pied quand vous faites tourner en cercle votre jambe.

- Votre jambe fléchie ne doit pas bouger d'un côté sur l'autre.

- Vos cercles doivent être petits et contrôlés.

1 Fléchissez la jambe droite et étirez-la vers le plafond. Tournez-la légèrement vers l'extérieur à partir de la hanche, en gardant le pied long et détendu.

VISUALISEZ°°O

votre jambe qui travaille aussi droite qu'une flèche.

2 Inspirez et décrivez des cercles avec la jambe levée en direction de votre jambe fléchie, en descendant, en tournant et en montant. Expirez en revenant au centre. **Répétez 5 fois.** Faites une courte pause après chaque cercle.

3 Inversez le sens du cercle décrit avec la jambe, qui descend vers l'intérieur, en direction de la jambe fléchie, puis re-monte en ligne avec votre nez. **Répétez 5 fois.** Répétez avec la jambe gauche.

ÉTAPE SUIVANTE...

Ramenez les genoux contre la poitrine, puis allongez les jambes sur le tapis. Enroulez-vous, une vertèbre à la fois pour vous asseoir sur le devant de votre tapis, pour débuter l'Enroulement en boule.

23

Enroulement en boule

Outre fortifier vos abdominaux, cet exercice est parfait pour pratiquer votre
équilibre et masser les muscles soutenant votre colonne vertébrale.

Objectif

- S'enrouler de façon équilibrée et contrôlée,
  en utilisant son "centre" pour initier et
  maintenir le mouvement.

Rappel

- Vos talons doivent rester près des fesses, de
  sorte que le mouvement ne parte pas des
  jambes.

- Gardez les épaules détendues et abaissées.

- Essayez de rentrer fermement le ventre en
  vous enroulant en arrière et en avant.

- La tête doit rester dans la même position
  durant tout le mouvement et ne pas rouler en
  arrière.

VISUALISEZ...

*une boule fermement maintenue
dans le creux
de votre estomac.*

1 Rapprochez vos talons de vos fesses. Placez les mains sous les cuisses, les coudes tournés vers l'extérieur. Gardez les pieds joints, les genoux légèrement écartés. Reposez le menton sur la poitrine. Soulevez vos pieds du tapis et inclinez-vous légèrement en arrière. Tenez-vous en équilibre sur le coccyx en rentrant le ventre pour maintenir votre position.

2 Inspirez et roulez en arrière vers la base de vos omoplates, en gardant le menton sur la poitrine. Travaillez à partir du "centre" pour vous enrouler de façon contrôlée.

3 Expirez et roulez en avant. Gardez vos abdominaux rentrés. Tenez-vous redressé en équilibre et essayez de ne pas toucher le tapis avec les pieds. **Répétez 6 fois.**

ÉTAPE SUIVANTE...

Enroulez-vous, une vertèbre à la fois. Ramenez les genoux contre la poitrine, pour débuter l'Étirement d'une jambe.

Étirement d'une jambe

Cet exercice travaille principalement la coordination et l'alignement corporel. De plus, il fortifie votre "centre" lorsque vous étirez les jambes.

Objectif

■ Abaisser la jambe vers le tapis pour la faire travailler davantage à mesure que le "centre" devient plus fort. Cette variante apparaît dans le Programme principal (voir pages 42-43). Ne faites pas descendre la jambe plus bas que la hanche.

Rappel

■ Laissez le mouvement de vos bras et de vos jambes vous aider à coordonner la respiration.

■ Vérifiez que la hanche, le genou et le pied sont sur la même ligne.

■ Le centre de votre corps, la tête et le cou doivent rester immobiles.

■ Ne soulevez pas le dos au-delà de la base de vos omoplates.

MISE EN GARDE
Si vos genoux sont faibles, placez les mains sur les cuisses, juste sous les genoux.

VISUALISEZ...
des livres lourds posés sur votre estomac, qui aplatissent les abdominaux.

26

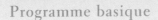

1 Inspirez et ramenez le genou droit contre la poitrine. Placez la main gauche sur votre genou droit et la main droite sur l'extérieur de votre cheville droite. Gardez les coudes écartés et ouverts. Levez la jambe à environ 60° par rapport au tapis et tendez-la vers le plafond.

2 Ramenez le menton vers la poitrine et relevez les épaules du tapis. Rentrez fermement le ventre.

3 En gardant la tête levée, expirez pour intervertir les positions des jambes et des bras. Votre torse doit rester immobile et votre dos à plat sur le tapis. **Répétez de 3 à 5 fois.**

ÉTAPE SUIVANTE...

En posant la tête sur le tapis, ramenez les genoux contre la poitrine, pour débuter l'Étirement des jambes.

27

Étirement des jambes

Cet exercice améliore votre coordination, votre respiration et la force de votre "centre", tout en étirant vos bras et vos jambes.

Objectif

- Abaisser les jambes comme montré dans le Programme principal (voir pages 44-45) à mesure que votre "centre" acquiert de la force. Ne descendez pas les jambes plus bas que les hanches.

Rappel

- Vos jambes doivent être jointes au niveau de la face interne des cuisses.

- Ne laissez pas tomber votre tête lorsque les bras se tendent en arrière.

1 Les genoux ramenés contre la poitrine, placez les mains sur vos chevilles. Penchez le menton sur la poitrine, levez les épaules du tapis et rentrez fermement le ventre.

VISUALISEZ○○○

une boule qui maintient vos abdominaux aplatis.

2. Inspirez lentement en étirant les bras en l'arrière, au-dessus de la tête, jusqu'à ce qu'ils soient en ligne avec les oreilles. En même temps, levez les jambes vers le plafond à un angle d'environ 60° par rapport au tapis, ou plus grand si votre bas du dos commence à se cambrer. Assurez-vous qu'elles sont tendues et fermement jointes.

3. Expirez et déplacez les bras vers l'extérieur, vers l'avant et autour de vous à mesure que vous abaissez les jambes vers la poitrine. Maintenez les chevilles en comptant jusqu'à 2. **Répétez de 3 à 5 fois.**

ÉTAPE SUIVANTE...

La tête sur le tapis, ramenez les genoux contre la poitrine. Allongez vos jambes sur le tapis et enroulez-vous, une vertèbre à la fois, pour vous asseoir, afin de débuter l'Étirement spinal en avant.

Étirement spinal en avant

Cet exercice fait naître une sensation d'extension de chaque vertèbre et est excellent pour améliorer la flexibilité de la colonne vertébrale. Il agit également sur votre "centre" et étire la face postérieure des jambes.

Objectif

- Redresser les jambes à mesure que votre flexibilité s'améliore.

Rappel

- Vos genoux et vos pieds doivent faire face au plafond et vos jambes restent immobiles.

- Continuez à regarder vers votre nombril jusqu'à ce que vous soyez assis, le dos droit.

- Gardez les fesses "collées" au tapis en vous tendant vers l'avant.

- Enroulez-vous, une vertèbre à la fois, en utilisant vos abdominaux.

VISUALISEZ°°

une boule autour de laquelle vous vous enroulez.

1 Asseyez-vous, les jambes fléchies devant vous. Écartez les jambes légèrement plus que la largeur de vos hanches, les genoux et les pieds faisant face au plafond. Étirez et levez les bras, et redressez-vous pendant l'inspiration.

2 Le menton sur la poitrine, rentrez fermement le ventre en tendant les bras en avant. Formez une courbure en "C" depuis le sommet de la tête jusqu'au coccyx et expirez.

3 Pour revenir à la posture de départ, inspirez et inversez le mouvement. Efforcez-vous à vous redresser à partir des hanches pour que le dos devienne droit. **Répétez 3 fois.**

ÉTAPE SUIVANTE...

Roulez en arrière sur le tapis, pour débuter le Programme principal.

LE PROGRAMME PRINCIPAL

Cette section comprend les sept exercices
que vous avez appris au Programme
basique, mais dans la forme plus avancée
conçue par Joseph Pilates. Elle inclut
aussi plusieurs exercices additionnels, à
effectuer seulement quand vous avez
maîtrisé le Programme basique.

Avant d'entamer le Programme principal, effectuez au minimum 6 séances de Programme basique. Une fois que vous maîtrisez les exercices de ce Programme grâce à l'utilisation du "centre", vous pouvez avancer. Votre première séance complète de Programme principal doit comprendre les variantes plus avancées des 7 exercices de base, ainsi que les 3 nouveaux exercices précédant l'Étirement spinal en avant. Ajoutez les nouveaux exercices dans l'ordre où ils sont présentés dans ce livre, quand vous serez prêt.

Choisissez votre moment en tenant compte de vos forces et de vos faiblesses physiques. En ajoutant un nouvel exercice, surveillez la réaction de votre corps. Par exemple, si les tendons de vos jarrets semblent raides, l'exercice d'Étirement d'une jambe sera au premier abord difficile. Pour d'autres exercices, un "centre" faible signalera une tendance à voûter le dos en les effectuant, d'où un risque de blessure. Faites preuve d'initiative pour éviter les mouvements maladroits, susceptibles de vous pousser trop loin. Si l'exercice inclut une variante pour les débutants, effectuez-la jusqu'à ce que votre force grandisse.

LES VISUALISATIONS.
Présentées sur la page de gauche de chaque exercice, celles-ci jouent un rôle clé dans le développement de votre prise de conscience du mouvement. Elles vous permettent de rester concentré sur tous aspects potentiellement difficiles du mouvement, afin de vous aider à effectuer correctement l'exercice. Prenez le temps de lire et d'exécuter chaque visualisation. Vous noterez le changement.

FLUIDITÉ.
Le tempo et le passage fluide d'un exercice au suivant sont un principe de base du Programme principal. Utilisez l'information des encadrés "Étape suivante…" pour faciliter ce passage avec le moins de mouvement possible. À cette fin, la Suite des Coups latéraux débutant en page 68 exige de faire l'exercice d'abord sur un côté du corps, puis sur le côté opposé, évitant ainsi les retournements inutiles.

COMMENT ET QUAND UTILISER CE PROGRAMME.
Il n'y a pas de règle quant à la fréquence d'exécution du Programme principal. Pilates conseillait 4 séances par semaine pour une force optimale, mais même en les faisant moins souvent vous en tirerez bénéfice. Si vous n'avez pas le temps d'effectuer tout le Programme principal en une séance, pratiquez uniquement les 7 premiers exercices basiques. Certains préfèrent commencer leur journée avec la Centaine (voir pages 34-35) pour activer leur circulation et se stimuler. D'autres exécutent le Programme principal presque tous les jours.

La Centaine

Cet exercice est un échauffement. Le mouvement de vos bras améliore la circulation et la respiration fait travailler vos poumons. À la fin de cet exercice vous devez percevoir une augmentation de votre température corporelle.

Objectif
- Abaisser les jambes comme montré ci-dessous pour augmenter le degré de difficulté.

Rappel
- Seule la base des épaules doit quitter le tapis. Regardez vers votre nombril.
- Pensez à rentrer votre ventre et à étirer les jambes à partir des hanches, en tendant les bras en avant.

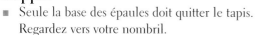

une boule que vous faites rebondir avec les mains.

1 Couchez-vous sur le dos, les bras le long du corps, paumes à plat sur le tapis. Fléchissez les jambes, ramenez-les contre la poitrine et tenez-les légèrement avec les mains. Rentrez fermement le ventre.

2 Tendez les jambes vers le plafond. Vos jambes doivent être jointes quand vous faites entrer en jeu le "centre". Levez vos omoplates du tapis et regardez vers le nombril. Étirez les bras en ligne avec les épaules et faites-les monter et descendre rapidement en comptant jusqu'à 5 en inspirant lentement. Expirez en bougeant les bras, en comptant jusqu'à 5. **Répétez jusqu'à 10 fois.**

VARIANTE AVANCÉE

À mesure que vous devenez plus fort, abaissez les jambes pour accroître la difficulté. Les jambes à hauteur des yeux sont le niveau le plus bas possible. Assurez-vous que votre dos reste à plat sur le tapis. Ne vous épuisez pas pour maintenir la position.

ÉTAPE SUIVANTE...

La tête sur le tapis, ramenez les genoux contre la poitrine. Quand vous êtes prêt, placez les jambes à plat sur le tapis, pour débuter l'Enroulement.

35

L'Enroulement

Cet exercice vous apprendra comment utiliser vos abdominaux pour
contrôler le mouvement de la colonne vertébrale. Il est très bon pour
augmenter la flexibilité de votre dos et des tendons de vos jarrets.

Objectif

- S'enrouler et se dérouler, une vertèbre à la
  fois, en rentrant le ventre.

Rappel

- Étirez et tendez constamment les bras pendant que vous vous enroulez et vous déroulez.

- Il est important de ne pas lever les jambes du
  tapis lorsqu'on effectue cet exercice.

- N'affaissez pas le corps en avant. Maintenez
  la courbure de la colonne vertébrale et
  travaillez à partir de votre "centre".

- Faites attention à ne pas aller trop loin à la fin
  du mouvement, afin de ne pas perdre le
  contrôle du "centre".

VISUALISEZ∘∘○

*votre colonne vertébrale
formant la lettre "C" lorsque
vous vous enroulez
en montant et vers l'avant.*

1 Couché à plat sur le tapis, étirez les bras en arrière, au-dessus de la tête, jusqu'à ce qu'ils soient en ligne avec les oreilles.

2 En inspirant, tendez les bras en avant puis levez la tête et enroulez-vous, une vertèbre à la fois. Rentrez fermement le ventre.

3 Expirez en continuant l'enroulement. Regardez vers votre nombril et tendez les bras en avant pour créer une courbure en forme de "C" de la colonne vertébrale.

4 Inspirez, tendez les bras en avant et enroulez-vous en descendant, une vertèbre à la fois. Continuez à regarder vers votre nombril. Expirez en poursuivant l'enroulement. Finalement, étirez les bras en arrière, au-dessus de la tête, jusqu'à ce qu'ils soient en ligne avec les oreilles. **Répétez de 3 à 5 fois.**

ÉTAPE SUIVANTE...

Restez couché sur le tapis, pour débuter les Cercles avec une jambe.

Cercles avec une jambe

Cet exercice est excellent pour accroître la flexibilité et la force de vos hanches. De plus, il fortifie le "centre" et tonifie la jambe.

Objectif

- Élever la jambe qui décrit des cercles au-dessus du corps. Essayez de tracer les cercles avec fluidité, surtout lors du mouvement montant.

Rappel

- Empêchez la jambe qui reste sur le tapis ainsi que vos hanches de bouger d'un côté sur l'autre.

- Faites attention à ne pas raidir le pied ou la jambe lorsque vous les tendez vers le plafond.

- Maintenez centrée et bien tendue la jambe restant sur le tapis.

1 Placez les bras sur les côtés, paumes vers le bas. Étirez les jambes. Pointez la jambe droite vers le plafond et tournez-la légèrement vers l'extérieur à partir de la hanche, en gardant le pied étiré.

VISUALISEZ○○○
vous jambes aussi droites que des flèches.

2 Décrivez un cercle avec la jambe en travers de votre corps, en descendant, autour de celui-ci et en remontant, jusqu'à ce qu'il soit complet. Faites une pause après chaque cercle, afin d'en initier un autre à partir de votre "centre". Inspirez pour commencer le mouvement et expirez pour l'achever. Gardez fermement le pelvis sur le tapis. **Répétez 5 fois.**

3 Inversez le cercle en descendant, en travers du corps et en revenant au centre. **Répétez 5 fois. Changez de jambe et répétez l'ensemble de l'exercice.**

ÉTAPE SUIVANTE...

Ramenez les genoux contre la poitrine, allongez les jambes sur le tapis. Enroulez-vous, une ver-tèbre à la fois, pour être assis sur le de-vant du tapis, afin de débuter l'Enrou-lement en boule.

Enroulement en boule

Cet exercice est excellent pour apprendre à se tenir en équilibre et pour masser la colonne vertébrale. Le "centre" est la source du contrôle.

Objectif

- S'enrouler de façon équilibrée et contrôlée, utilisant le "centre" pour initier un mouvement coulant, sans à-coups.

Rappel

- Vos talons doivent rester près des fesses, de sorte que le mouvement ne soit pas initié à partir des jambes.

- La tête doit rester dans la même position durant tout le mouvement.

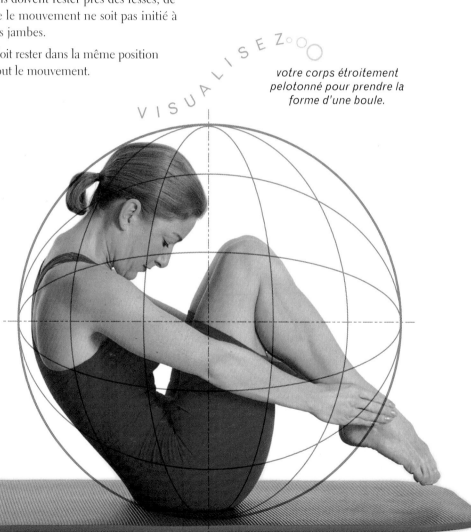

VISUALISEZ°°○
votre corps étroitement pelotonné pour prendre la forme d'une boule.

1 Placez les fesses vers vos talons et les mains autour des chevilles, les coudes écartés et ouverts. Gardez les pieds joints, les genoux légèrement écartés. Reposez le menton sur la poitrine. La colonne vertébrale se courbera lorsque vous enlevez les pieds du tapis et vous penchez légèrement en arrière pour vous tenir en équilibre sur le coccyx.

2 Inspirez et concentrez-vous sur le nombril en roulant en arrière sur la base de vos omoplates.

ÉTAPE SUIVANTE...

Placez les mains près des hanches et soulevez-vous pour revenir au centre du tapis. Enroulez-vous vers le bas, une vertèbre à la fois, pour débuter l'Étirement d'une jambe.

3 En faisant appel à votre "centre", revenez en roulant à une position équilibrée. Gardez vos pieds hors du tapis et expirez lorsque vous montez.
Répétez 6 fois.

Étirement d'une jambe

Cet exercice est le premier de la Série de l'Estomac. En acquérant de l'expérience, effectuez sans vous arrêter les cinq exercices de cette Série, sans changer la position de votre torse. Le présent exercice est particulièrement bon pour la tonification des abdominaux. De plus, il vous enseignera l'alignement correct du corps.

Objectif
- En devenant plus fort, bouger rapidement et légèrement votre pied inférieur pour rallonger la jambe.

Rappel
- Vérifiez que les hanches, les genoux et les pieds sont en alignement lors de cet exercice.

VISUALISEZ°°°O

des livres lourds placés sur votre estomac, qui maintiennent les abdominaux rentrés.

1 Ramenez le genou droit contre la poitrine. Placez la main gauche sur lui, la main droite sur l'extérieur de la cheville, gardant les coudes écartés et ouverts. Tendez la jambe gauche devant vous, éloignée du tapis à un angle qui vous permet d'avoir le dos à plat. Le menton sur la poitrine, levez les épaules du tapis. Rentrez fermement le ventre et inspirez.

2 Intervertissez les jambes et les mains, en maintenant le torse immobile et le dos "collé" au tapis. Vous avez là une série. Expirez en répétant. Effectuez 10 **séries**.

ÉTAPE SUIVANTE...

Ramenez les genoux contre la poitrine et maintenez la position, pour débuter l'Étirement des jambes.

43

Étirement des jambes

Il s'agit là d'un exercice de respiration qui rallonge le corps à partir du "centre" dans les deux directions. Pour être correctement exécuté, cet exercice s'appuie sur un "centre" fort.

Objectif

■ Abaisser davantage les jambes pour améliorer leur travail lorsque vous disposerez d'un "centre" puissant (voir page 45).

Rappel

■ Ne laissez pas votre tête tomber en arrière en faisant cet exercice – maintenez-la dans la même position durant tout le mouvement.

■ Il est important de "coller" votre torse au tapis en faisant appel à votre "centre" quand vous tendez les bras et les jambes.

1 Placez les mains autour de vos chevilles. Le menton sur la poitrine, levez les épaules du tapis. Rentrez fermement le ventre.

VISUALISEZ °°°

votre corps rallongé dans les deux directions.

2 Inspirez lentement en étirant vos bras en arrière, au-dessus de la tête, jusqu'à ce qu'ils soient en ligne avec les oreilles. En même temps, levez les jambes jusqu'à un angle de 45° par rapport au tapis. Maintenez-les fermement jointes en serrant la face interne des cuisses et les fesses.

3 Expirez et descendez les bras sur les côtés du corps jusqu'à vos chevilles. Pendant ce temps, ramenez les jambes vers votre poitrine, en les maintenant jointes jusqu'au retour à la position de départ. **Répétez de 5 à 10 fois.**

ÉTAPE SUIVANTE...

Restez dans cette position, pour débuter la Jambe rectiligne.

VARIANTE AVANCÉE

En devenant plus fort, abaissez les jambes pour accroître leur travail. Quand les jambes sont à hauteur des yeux, on est au niveau le plus bas possible. Le dos doit rester à plat sur le tapis. Ne vous épuisez pas pour garder la position.

45

Une jambe rectiligne

Cet exercice est parfait pour étirer la face postérieure de vos jambes et fortifier les abdominaux.

Objectif

- En acquérant davantage de contrôle, changer de pied plus rapidement et modifier le rythme respiratoire pour inspirer durant deux séries et expirer durant deux autres.

Rappel

- Gardez le torse "collé" au tapis tout au long de l'exercice.

- Assurez-vous que les jambes restent alignées avec le centre de votre corps.

- Quand vous vous tendez vers le haut pour maintenir votre jambe, n'entrelacez pas les doigts, afin de pouvoir changer facilement de main.

- Levez uniquement la base des épaules du tapis en allongeant les bras pour tenir vos chevilles.

- Les coudes restent écartés et ouverts durant tout l'exercice.

VISUALISEZ

vos jambes aussi droites et rigides que les aiguilles d'une pendule.

1 Tendez la jambe droite vers le plafond et élevez la gauche du tapis. Le menton sur la poitrine, levez les épaules du tapis. Allongez les bras vers la jambe levée et placez les mains aussi haut sur cette jambe que vous le pouvez. Inspirez en poussant deux fois cette jambe vers vous, la maintenant verticale, pendant que la jambe gauche s'étire à partir de la hanche.

2 Permutez les jambes en une action de "ciseaux", sans baisser les bras. Expirez en répétant cette série. **Répétez de 5 à 10 fois.**

ÉTAPE SUIVANTE...

Ramenez les genoux contre la poitrine. Restez en cette position, pour débuter les Jambes rectilignes.

Jambes rectilignes

C'est le quatrième exercice de la Série de l'Estomac, particulièrement bon pour faire travailler la "ceinture de force", le "centre".

Objectif

■ Abaisser davantage les jambes pour les faire travailler plus lorsque votre "centre" devient puissant (page 49).

Rappel

■ Essayez de ne pas faire tomber les jambes. Faites-les monter rapidement, en les contrôlant.

■ N'entrelacez pas les doigts derrière la tête.

■ Assurez-vous que les coudes restent écartés.

1 Placez les mains derrière la tête, le bout des doigts se touchant ou une main au-dessus de l'autre. Faites monter les jambes à un angle de 90° par rapport au tapis, les faces internes des cuisses et des talons jointes et les fesses serrées. Le menton sur la poitrine, rentrez les abdominaux en levant les épaules du tapis.

VISUALISEZ

une feuille de papier fermement serrée entre vos cuisses.

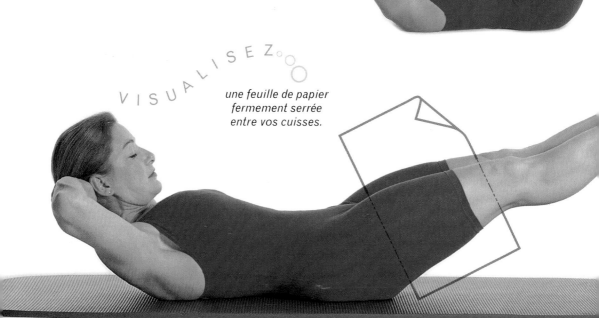

48

2 Inspirez et abaissez les jambes de moitié vers le tapis. Faites appel à votre "centre" et bougez avec contrôle.

3 Expirez et faites revenir vos jambes à la position de départ, légèrement plus vite que le mouvement descendant précédent.
Répétez de 5 à 10 fois.

ÉTAPE SUIVANTE...

Ramenez les genoux contre la poitrine, pour débuter l'Entrecroisement.

VARIANTE AVANCÉE

En devenant plus fort, abaissez les jambes pour les faire travailler davantage. Ne les descendez pas plus bas que les yeux. Le dos doit rester à plat sur le tapis. Ne vous épuisez pas pour maintenir la position.

Entrecroisement

C'est le dernier exercice de la Série de l'Estomac. Il se concentre sur les muscles grands obliques de l'abdomen, qui confèrent sa forme à la taille.

Objectif

■ Se tordre autant que possible en gardant les coudes ouverts.

Rappel

■ Concentrez-vous sur une torsion à partir de la taille et non des épaules.

■ Assurez-vous de garder la partie inférieure du corps centrée lorsque vous vous tordez à partir de la taille. Essayez de ne pas osciller d'un côté sur l'autre.

■ Si votre dos se voûte lorsque vous levez le mollet selon un angle de 45°, faites monter la jambe plus haut jusqu'à ce que le dos soit droit.

MISE EN GARDE

Si votre cou ou bas du dos est faible, omettez cet exercice jusqu'à ce que votre force grandisse.

VISUALISEZ

votre taille se tordre et se détordre.

1 Avancez les genoux jusqu'à ce que vos cuisses forment un angle de 90° avec le tapis. Superposez les mains derrière votre tête. Levez les épaules du tapis.

2 Inspirez en tendant la jambe gauche à 45°. Tordez la partie supérieure du corps à partir de la taille et ra-menez votre coude droit vers le genou gauche. Expirez et regardez en arrière, vers le coude gauche. Vos coudes doivent être ouverts.

3 Inspirez en permutant les jambes et tordez-vous du côté opposé. Regardez en arrière vers votre coude gauche. Répétez de 5 à 10 fois.

ÉTAPE SUIVANTE...

La tête sur le tapis, ramenez les genoux contre la poitrine. Placez les jambes à plat sur le tapis et enroulez-vous, une vertèbre à la fois, pour débuter l'Étirement spinal en avant.

Étirement spinal en avant

Bon étirement pour votre colonne. Il se sert de vos abdominaux, étire la face postérieure des jambes et vous met en contact avec votre posture.

Objectif

- Se mettre en boule sans à-coups, étirant le dos un peu plus à chaque fois, tout en faisant entrer en jeu son "centre".

Rappel

- Vous devez vous redresser à fond avant de vous étirer en avant. Gardez les hanches "collées" au tapis.

- Essayez d'empêcher vos épaules de monter au niveau des oreilles.

- Continuez à regarder votre nombril lorsque la tête s'avance pour favoriser le recourbement de la colonne vertébrale.

- Les genoux doivent être tournés vers le plafond et les pieds fléchis durant cet exercice.

VISUALISEZ°°○

l'enroulement autour d'une boule.

1 Étirez les jambes devant vous et écartez-les d'un peu plus que la largeur de vos hanches. Fléchissez les pieds. Tendez et levez les bras à hauteur d'épaule. Faites entrer en jeu vos fesses et redressez-vous à partir des hanches, en inspirant.

2 Ramenez le menton sur la poitrine et rentrez fermement le ventre en tendant les bras en avant. Formez une courbe en "C" depuis le sommet de la tête jusqu'au coccyx et expirez. Pour revenir à la position de départ, inspirez et inversez le mouvement jusqu'à ce que vous soyez complètement redressé. Expirez. **Répétez de 3 à 5 fois.**

ÉTAPE SUIVANTE...

Joignez les jambes et installez-vous sur le devant de votre tapis, pour débuter la Bascule de la jambe tendue.

Bascule de la jambe tendue

Outre un excellent étirement, cet exercice enseigne l'équilibre, le contrôle
et le travail du "centre". En acquérant de la pratique, vous noterez son
effet apaisant sur le mental.

Objectif

■ Effectuer cet exercice de façon équilibrée et
contrôlée, afin de rester d'aplomb lorsqu'on
oscille vers une position assise.

Rappel

■ Ne tombez pas la tête en arrière lorsque vous
oscillez vers cette direction.

■ Utilisez un mouvement dynamique pour
revenir à la position initiale, en vous servant
de la force de votre "centre".

■ Si vous avez du mal, pratiquez l'équilibre de
l'étape 2 de l'exercice pendant quelques
séances, avant de passer à l'étape 3.

VISUALISEZ

*vos jambes et vos bras
aussi droits
que des flèches.*

1 Asseyez-vous, jambes fléchies, genoux écartés de la largeur des épaules, en tenant vos chevilles. Rentrez fermement le ventre et inclinez-vous en arrière pour vous tenir en équilibre sur les fesses.

2 Tendez tour à tour les jambes, écartées de la largeur des épaules. Tendez les bras et abaissez les épaules en vous tenant dressé, en équilibre.

3 Le menton sur la poitrine, inspirez et oscillez jusqu'à la base de vos omoplates. Expirez en revenant à la position de départ. Ne fléchissez ni les bras ni les jambes. Concentrez-vous sur le maintien du lien avec vos abdominaux. **Répétez 6 fois.**

ÉTAPE SUIVANTE...

Joignez les jambes en la posture **Pilates. D**escendez vos mains en les faisant glisser le long de la face postérieure des jambes. **D**éroulez-vous sur le tapis. Placez les bras sur les côtés, les jambes toujours levées, pour débuter le **T**ire-bouchon.

VARIANTE POUR DÉBUTANT

Tendez tour à tour les jambes, écartées de la largeur des épaules. Pratiquez le maintien de l'équilibre en tenant vos jambes.

Le Tire-bouchon

Cet exercice est un excellent exemple d'utilisation du "centre". Joseph Pilates a conçu trois niveaux pour cet exercice – nous vous présentons ici le premier, convenant le mieux aux débutants.

Objectif
■ Abaisser les jambes en décrivant des cercles, pour faire entrer davantage en jeu le "centre".

Rappel
■ Si vous avez du mal à effectuer cet exercice, placez les mains juste en dessous de votre coccyx pour vous soutenir.

■ En décrivant des cercles avec les jambes, faites entrer en jeu vos fesses et vos abdominaux.

■ Gardez les épaules appuyées contre le tapis.

VISUALISEZ °o°O○

vos jambes traçant un petit cercle dans les airs.

1 "Collez" vos bras au tapis sur les côtés du corps, les paumes posées à plat. Levez les jambes et placez-les en la posture Pilates. Faites entrer en jeu vos abdominaux, raidissez la face interne des cuisses et les fesses.

2 Inspirez et décrivez des cercles vers la droite et vers le bas avec vos jambes. Expirez en achevant le cercle, puis dirigez vos jambes vers la gauche et vers le haut pour revenir au centre.

3 Inversez le sens du cercle, en vous assurant que vos épaules ne quittent pas le tapis quand vous décrivez des cercles vers la gauche avec les jambes. **Répétez de 3 à 5 fois.**

ÉTAPE SUIVANTE...

Ramenez les genoux contre la poitrine. Allongez les jambes sur le tapis et redressez-vous en vous roulant, une vertèbre à la fois, pour débuter la Scie.

La Scie

Cet exercice de respiration apprend à vider et à nettoyer les poumons.
Excellent étirement pour la taille, les tendons des jarrets et les hanches.
Prenez votre temps pour cet exercice, plus difficile qu'il paraît.

Objectif

- Se tordre à partir de la taille sans lever les fesses du tapis, afin d'allonger les bras et de vider les poumons.

Rappel

- Gardez le cou détendu en vous tordant et en montant.
- Faites partir la rotation depuis la taille et non des épaules ou des hanches.
- "Collez" les hanches et les fesses au tapis.
- En montant en avant, gardez la main en ligne avec votre petit orteil.

1 Asseyez-vous le dos droit. Étirez les jambes devant vous et écartez-les d'un peu plus que la largeur des épaules. Fléchissez les pieds. Tendez les bras latéralement et redressez-vous encore davantage. Rentrez fermement le ventre.

2 Inspirez et tordez lentement la partie supérieure de votre corps vers la droite. Expirez et allongez l'auriculaire gauche au-delà de votre petit orteil droit. Abaissez et étirez le bras droit derrière vous, en un mouvement balayant vers le fond de la pièce. Reposez l'oreille gauche sur le bras gauche. Maintenez cette position en expirant, jusqu'à ce que les poumons soient vides.

3

Inspirez et redressez-vous en vous enroulant une vertèbre à la fois, en vous servant de votre "ceinture de force". Revenez au centre et répétez l'action sur le côté gauche. **Répétez 4 fois.**

ÉTAPE SUIVANTE...

Joignez les jambes et retournez-vous d'un seul mouvement pour être sur le ventre, pour débuter le Roulement du cou.

VISUALISEZ°°°

une tentative de scier votre petit orteil.

Roulement du cou

Cet exercice fortifie et étire le bas du dos et le cou. Pour l'exécuter correctement et sans danger, utilisez à fond votre "ceinture de force".

Objectif
- Plier le dos quand les mains et les bras restent immobiles.

Rappel
- Gardez les jambes jointes pour faire entrer en jeu les fesses et la face interne des cuisses.
- Abaissez votre corps sur le tapis de façon contrôlée.
- Si au début vous avez du mal à placer les mains près des épaules, placez-les un peu plus devant vous.
- Il est important de rester levé sur la région abdominale, le pubis contre le tapis, en cambrant le dos.

VISUALISEZ...
la partie supérieure de votre corps tirée vers le haut par un ressort.

MISE EN GARDE

Si votre bas du dos est faible, cet exercice ne vous convient pas. Si vous ressentez une gêne dans le bas du dos en effectuant cet exercice, commencez avec les mains placées un peu plus en avant.

1 Placez votre front sur le tapis et les mains directement devant les épaules. Gardez les jambes et les pieds joints. Inspirez pour lever la tête et la poitrine. Expirez en arrivant à la fin de ce mouvement.

2 Faites rouler doucement la tête pour regarder vers votre épaule gauche, en respirant naturellement. Votre "centre" doit être engagé entièrement et vos épaules abaissées.

3 Roulez doucement la tête vers la poitrine, puis vers l'épaule gauche. Respirez naturellement. Revenez au centre. Répétez le roulement du cou en partant dans la direction opposée. Inspirez en descendant vers le tapis et expirez pour terminer le mouvement. **Répétez 3 fois.**

ÉTAPE SUIVANTE...

Asseyez-vous sur les talons et étirez les bras devant vous pour les détendre. Après, étirez-vous complètement sur le ventre, avant de débuter les Coups avec une jambe.

Coups avec une jambe

Cet exercice est excellent pour étirer la face antérieure de vos hanches et cuisses, ainsi que pour fortifier les tendons de vos jarrets et votre "centre". Il est également bénéfique pour l'amélioration de votre coordination.

Objectif

- Toucher les fesses avec les talons de façon contrôlée et coordonnée, en utilisant plus votre "centre" que votre élan. En acquérant du contrôle, intensifiez le rythme du mouvement.

Rappel

- Assurez-vous de lever la partie supérieure du corps du tapis grâce à la force de vos abdominaux.
- Gardez les épaules basses et détendues durant tout cet exercice ; ce mouvement suscite une tendance à voûter les épaules.

MISE EN GARDE
Si vous avez mal au genou, ne faites pas cet exercice. Si vos genoux sont faibles, effectuez-le très lentement – arrêtez en cas d'une quelconque gêne.

VISUALISER○○○

la tentative de toucher votre fesse avec le talon.

1 Placez les coudes directement en dessous de vos épaules et serrez les poings joints. Rentrez fermement les abdominaux et appuyez votre pubis sur le tapis en redressant la poitrine. Appuyez-vous sur les avant-bras et sur les coudes et allongez le cou pour regarder devant vous. Étirez les jambes et les pieds.

2 Faites entrer en jeu la face interne des cuisses et les fesses. Inspirez en frappant deux fois la fesse droite de la jambe droite, sans relâcher le contrôle de la face postérieure de celle-ci.

3 Faites revenir la jambe droite vers le tapis, puis frappez deux fois la fesse gauche du talon gauche. Répétez, cette fois-ci en expirant. **Répétez 5 fois.**

ÉTAPE SUIVANTE...

Asseyez-vous sur vos talons et étirez les bras devant vous pour les détendre. Ensuite, étirez-vous complètement sur le ventre, pour débuter les Coups avec les jambes.

Coups avec les jambes

Cet exercice est conçu pour élargir la poitrine, étirer les épaules et le dos,
tout en faisant travailler la "ceinture de force", votre "centre".

Objectif

- Rallonger le corps, tout en maintenant un
  "centre" fort.

Rappel

- Ne relâchez pas vos abdominaux, surtout
  quand vous levez la partie supérieure du
  corps.

- Essayez de tendre la partie supérieure du
  corps à partir des hanches, au lieu d'arquer
  le dos.

- Rentrez le ventre durant tout cet exercice.

VISUALISEZ°○○

*une ceinture qui
maintient les
abdominaux rentrés.*

64

1. Tournez la tête sur le côté, de sorte que votre joue droite soit couchée sur le tapis. Superposez les mains sur la partie supérieure de votre dos, aussi près des omoplates que possible. Gardez les épaules et la partie antérieure des épaules sur le tapis.

2. Joignez les jambes et faites appel à vos fesses et à la face interne de vos cuisses. Inspirez en pliant les jambes et frappez les talons contre vos fesses. Répétez 3 fois en contrôlant la face postérieure de vos jambes.

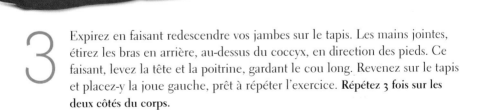

3. Expirez en faisant redescendre vos jambes sur le tapis. Les mains jointes, étirez les bras en arrière, au-dessus du coccyx, en direction des pieds. Ce faisant, levez la tête et la poitrine, gardant le cou long. Revenez sur le tapis et placez-y la joue gauche, prêt à répéter l'exercice. **Répétez 3 fois sur les deux côtés du corps.**

ÉTAPE SUIVANTE...

Retournez-vous en un mouvement contrôlé et placez les mains derrière votre tête, pour débuter la Traction du cou.

Traction du cou

Cet exercice favorise l'étirement de la colonne vertébrale pendant que vous faites travailler les abdominaux, en plus d'étirer la face postérieure des jambes.

Objectif

- S'enrouler vers le bas, une vertèbre à la fois, tout en étirant le dos.

<table>
<tr><td>MISE EN GARDE</td><td>Si votre cou ou bas du dos est faible, omettez cet exercice jusqu'à ce que votre force grandisse.</td></tr>
</table>

Rappel

- Si vous trouvez cet exercice difficile, enroulez-vous et déroulez-vous les jambes fléchies.

- Étirez les talons loin de vous durant l'ensemble de ce mouvement.

- La partie inférieure de votre corps doit être "collée" sur le tapis. Continuez à serrer les fesses et à tendre les jambes pour vous faciliter la tâche.

1 Placez les mains derrière la tête, les pouces sur les côtés du cou, les autres doigts se touchant. Ouvrez les coudes pour toucher le sol. Écartez les jambes de la largeur des hanches, les gardant droites, les pieds fléchis. Rentrez fermement le ventre et "collez" vos jambes au tapis.

2 Inspirez en commençant à vous enrouler pour vous redresser. Rentrez le ventre. Continuez à vous enrouler vers les cuisses en utilisant votre "centre". Expirez quand votre poitrine se rapproche de vos cuisses.

3 Inspirez en vous enroulant pour vous redresser complète-ment. Vos coudes restent ouverts.

4 Redressez-vous complètement (sans faire ressortir la poitrine) et inclinez-vous en arrière d'environ 5 cm. Vos jambes doivent être "collées" au tapis, les fesses serrées. Expirez en vous enroulant de nouveau, une vertèbre à la fois, à partir de la base de la colonne. **Répétez de 3 à 5 fois.**

VISUALISEZ...

des poids maintenant vos jambes immobiles.

ÉTAPE SUIVANTE...

Joignez les jambes. Étendez-vous sur le côté droit, la colonne en ligne avec le bord arrière du tapis, pour débuter les Coups de jambe latéraux.

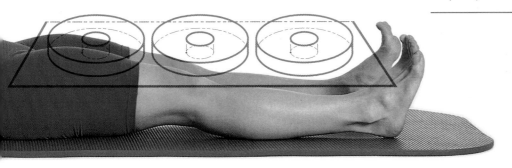

67

Coups de jambe latéraux

C'est le premier exercice de la Suite des Coups latéraux. Il fait travailler les
fesses, les hanches et les cuisses, outre étirer les jambes. Durant cette Série, le
torse reste dans la même position pour tous les exercices. Il est donc plus
efficace d'effectuer les exercices sur un côté du corps avant de passer à l'autre.
Quand vous avez achevé les Fouettements d'une jambe (voir pages 74-75),
revenez à cette page et répétez les exercices sur le côté gauche du corps.

Objectif

- Diriger la jambe qui travaille vers le nez, avec aisance et contrôle.

Rappel

- Assurez-vous que le sommet de la hanche est directement au-dessus du bord inférieur de celle-ci.

- Durant tout cet exercice, vos jambes et vos pieds doivent assumer la posture Pilate.

- Gardez les jambes droites durant tout l'exercice, vous assurant que le mouvement part de la hanche et non du genou ou du pied.

- Ce mouvement doit être initié depuis votre centre et effectué de façon équilibrée.

VISUALISEZ○○○

*votre jambe
entraînée par
un ressort.*

1 Étendu sur le côté droit, ramenez les jambes en avant jusqu'à former un angle de 45° avec votre corps. Soutenez votre tête avec l'avant-bras et la main. L'autre main est posée sur le tapis directement devant vous pour vous aider à maintenir votre équilibre. Levez la jambe supérieure jusqu'à ce qu'elle soit en ligne avec la hanche correspondante.

2 Rentrez fermement le ventre. Inspirez en dirigeant la jambe supérieure vers votre nez aussi loin que vous le pouvez. Une fois dans cette position en avant, touchez-le.

3 Expirez en faisant revenir derrière vous la jambe qui oscille de façon contrôlée. Ne vous penchez pas en avant lors des oscillations et gardez la jambe en ligne avec la hanche. **Répétez 10 fois.**

ÉTAPE SUIVANTE...

Faites redescendre la jambe supérieure, pour débuter le Va-et-Vient.

Va-et-Vient

Cet exercice fait travailler les hanches, les fesses et les cuisses, et offre un excellent étirement pour la face interne des cuisses.

Objectif

- Lever la jambe légèrement plus vite lors du mouvement montant et résister à la gravité lors du mouvement descendant, tout en gardant le contrôle.

Rappel

- Gardez les jambes dans la posture Pilates pendant tout l'exercice.

- Levez la jambe sans que votre hanche roule en avant ou en arrière.

- Bien que ce soit un exercice de la jambe, le mouvement doit partir de vos abdominaux.

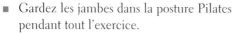

VISUALISEZ°°○

un soufflet que vous manipulez avec vos cuisses.

1 Assurez-vous que vos jambes
sont dans la posture Pilates.
Inspirez en levant la jambe
supérieure vers le plafond.
Levez-la aussi haut que vous
le pouvez, sans que la hanche
correspondante roule en
avant ou en arrière.

2 Étirez la jambe à partir de
la hanche et expirez en la
faisant descendre, lente-
ment et de façon contrôlée.
Répétez de 5 à 8 fois.

ÉTAPE SUIVANTE...

**Restez dans la même
position, la jambe
supérieure dans la posture
Pilates, pour débuter les
Petits cercles.**

Petits cercles

Cet exercice fait travailler les hanches, les fesses et les cuisses. En acquérant de la pratique, augmentez la vitesse de traçage des cercles et
concentrez-vous sur le mouvement en avant.

Objectif
- Maintenir un rythme rigoureux, mettant l'accent sur le mouvement en avant.

Rappel
- Ce mouvement doit être initié par votre "centre", et non par votre élan.
- Gardez la jambe supérieure en ligne avec la hanche et tendez-la en décrivant des cercles.

VISUALISEZ○○○ *le cercle que décrit votre jambe.*

1 Tendez la jambe supérieure et inspirez pour décrire un cercle en avant, avec de petits mouvements contrôlés. Vérifiez que vous travaillez à partir de votre "centre". **Répétez 5 fois.**

2 Tendez de nouveau la jambe, puis expirez en décrivant un cercle en arrière. **Répétez 5 fois.**

ÉTAPE SUIVANTE...

Joignez les jambes et retournez-vous sur le ventre en un seul mouvement, pour débuter les Fouettements des jambes.

Fouettements des jambes

C'est un exercice de transition qui vous aide à intervertir les jambes après
la Série des Coups latéraux. C'est aussi un excellent exercice pour fortifier
les fesses et la face postérieure des jambes.

Objectif

- Effectuer cet exercice en utilisant le "centre".
  Il est important d'étirer les jambes en les
  faisant battre rapidement ensemble.

Rappel

- Rentrez le ventre.

- Relaxez la partie supérieure du dos et la
  région des épaules.

- Évitez de frapper vos jambes l'une contre
  l'autre.

1   Étendu sur le ventre, pliez les bras devant vous, les
    mains superposées. Reposez le front sur vos mains.

VISUALISEZ○○○

*une barre métallique,
articulée au niveau de la
hanche, maintenant vos
jambes droites.*

2 Rentrez fermement le ventre et levez les jambes du tapis en les étirant, de même que vos pieds. Assurez-vous de ne pas les lever trop haut et de faire travailler les fesses et la face interne des cuisses.

3 Écartez les jambes de la largeur des hanches et rapprochez-les rapidement, pour établir un léger contact entre la face interne de vos cuisses. Inspirez en **répétant 5 fois et expirez pour répéter 5 fois.** Abaissez doucement les jambes, en contrôlant la descente.

ÉTAPE SUIVANTE...

Si vous avez effectué la **S**érie des **C**oups latéraux seulement sur votre côté droit, revenez à la page 68 pour répétez les exercices sur le côté gauche. Vous n'avez pas à effectuer deux fois les Fouettements des jambes. Roulez sur le dos, pour débuter le Cardage.

Cardage

C'est un exercice puissant qui fait travailler le "centre" et la colonne
vertébrale. Si nécessaire, commencez par la variante pour débutants (voir
page 77) jusqu'à ce que vous ayez développé un "centre" puissant.

Objectif

- Se tenir en équilibre de façon contrôlée en la
  position d'un "V", utilisant le "centre".

Rappel

- Enroulez-vous lentement et avec contrôle
  vers le bas, une vertèbre à la fois, utilisant les
  abdominaux.

- Gardez les jambes au même niveau en roulant vers le bas.

VISUALISEZ∘₀O

vos jambes et vos bras
tendus droits.

1 Ramenez les genoux contre la poitrine et placez les bras sur les côtés, paumes vers le bas. Tendez les jambes vers le plafond, puis abaissez-les jusqu'à former un angle de 45° avec le tapis. Étirez les bras en arrière, jusqu'à ce qu'ils soient en ligne avec les oreilles. Gardez le dos plat, le ventre fermement rentré.

2 Inspirez et ramenez vers le haut et en avant les bras, puis la tête. Enroulez-vous lentement vers le haut pour vous étirer au-delà des orteils, en vous servant de votre "centre".

ÉTAPE SUIVANTE...

Roulez sur le tapis et ra-menez les genoux contre la poitrine. Allongez les jambes sur le tapis et enroulez-vous, une ver-tèbre à la fois, prêt pour le Sceau.

VARIANTE POUR DÉBUTANTS

Effectuez l'exercice avec les pieds posés à plat sur le tapis, comme montré ci-dessous, les jambes jointes.

3 Tenez-vous en équilibre sur votre coccyx en for-mant un "V", les jambes à 45° par rapport au tapis. Maintenez de façon contrôlée. Expirez pour vous dérouler de nouveau sur le tapis, une ver-tèbre à la fois. Replacez les bras au-dessus de la tête, en gardant les jambes levées. **Répétez 3 fois.**

Le Sceau

C'est un exercice de décompression et de détente, bien que le "centre" soit toujours en pleine activité. Il constitue aussi un excellent massage pour le bas du dos.

Objectif

- Introduire les martèlements aux étapes 2 et 3. La première fois que vous essayez cet exercice, ne le faites pas jusqu'à ce que vous ayez acquis la maîtrise de l'équilibre.

Rappel

- Vos pieds doivent se rapprocher du tapis, sans le toucher.

- Maintenez la courbure du dos en rentrant fermement le ventre lorsque vous vous enroulez en avant et en arrière.

- Votre tête doit garder la même position d'un bout à l'autre du mouvement.

- En roulant en arrière, levez bien le derrière du tapis.

- C'est un exercice de décompression, relaxez-vous et profitez.

VISUALISEZ∘∘

une boule tenue dans le creux de votre estomac.

1 Assis droit, fléchissez les jambes pour joindre les plantes des pieds. Les genoux sont écartés et orientés vers les épaules. Attrapez les jambes au niveau des chevilles. Levez les pieds du tapis et inclinez-vous en arrière pour vous tenir en équilibre sur les fesses. Ramenez le menton sur la poitrine. Rentrez le ventre.

2 Inspirez et roulez en arrière jusqu'au sommet de vos omoplates. Assurez-vous que le menton est rentré dans la poitrine. Frappez les pieds l'un contre l'autre 3 fois.

3 Expirez et faites partir le mouvement depuis le "centre" pour revenir à la position assise. Tenez-vous de nouveau en équilibre sur les fesses et frappez vos pieds l'un contre l'autre 3 fois. **Répétez 6 fois.**

ÉTAPE SUIVANTE...

Voilà ! Vous avez achevé le Programme principal.

Ramenez les genoux contre la poitrine pour étirer votre bas du dos. Quand vous êtes prêt, redressez-vous en vous enroulant, une vertèbre à la fois. Relevez-vous lentement en continuant l'enroulement, faisant monter en dernier la tête.

Si vous désirez continuer, tournez la page pour le Programme facultatif.

LE PROGRAMME FACULTATIF

Cette section comprend deux groupes
d'exercices, la Série du Bras levé et la
Série du Mur, effectués debout. Vous
pouvez en ajouter autant que vous
désirez à la fin de votre séance. Tous les
principes que vous avez appris et
appliqués aux autres exercices
de ce livre sont aussi valables
pour cette section.

La première fois que vous allez exécuter le Pilates debout, il se peut qu'un rappel des principes de cette méthode (voir pages 8-9) s'avère utile. Comme pour tous les exercices Pilates, vous initiez chaque mouvement à partir de votre "centre" et encouragez l'ensemble de votre corps à se montrer actif et à résister à la gravité.

LA SÉRIE DU BRAS LEVÉ.

Ces exercices ont été choisis parmi une diversité d'exercices debout conçus par Joseph Pilates. Ils sont excellents pour tonifier la partie supérieure du corps et aider à ouvrir la poitrine et les épaules, souvent crispés par la tension. La plupart des femmes profiteront d'une force améliorée de la partie supérieure de leur corps. Vous bâtirez progressivement votre force, sans que les muscles acquièrent un aspect volumineux.

La Série du Bras levé est souvent enseignée dans les cours de Pilates. La plupart des exercices conviennent aux débutants. Le seul à ne pas effectuer si vous débutez au Pilates est l'Insecte (voir pages 84-85), qu'il faut laisser de côté jusqu'à ce que vous soyez totalement familiarisé avec le Programme principal.

LA SÉRIE DU MUR.

Ces exercices sont un bon moyen de se détendre à la fin d'une séance. Ils sont aussi bénéfiques en d'autres occasions, particulièrement pour décompresser à la fin d'une journée chargée. Si vous avez été stressé au travail, retirez vos chaussures et effectuez le Roulement de haut en bas sur le mur (voir pages 94-95), qui vous aidera à apaiser le mental, étirer le dos et relâcher la tension dans les épaules et le cou. Les mouvements de la Série du Mur promeuvent aussi une posture correcte, dont le corps bénéficiera tout au long de la journée.

UTILISER LES POIDS.

Quand vous avez maîtrisé les techniques de cette section, servez-vous de poids pas trop lourds pour faire travailler davantage les muscles. Les poids tonifieront davantage la partie supérieure de votre corps. Pour une utilisation exempte de danger :

- Fléchissez les jambes et utilisez votre "centre" pour soulever les poids.

- Limitez-vous à 1 kg dans chaque main pour les femmes et 1,5 à 2 kg pour les hommes.

- Faites attention à ne pas bloquer vos bras en utilisant des poids.

- Essayez de ne pas agripper trop fort les poids, tout en maintenant les poignets droits.

- Souvenez-vous que tous ces exercices sont contrôlés à partir du "centre" de votre corps.

- Il n'est pas conseillé d'utiliser des poids en cas de blessure du bras, de la main ou de la partie supérieure du corps sans l'avis de votre kinésithérapeute.

- Si vous ressentez une quelconque douleur du dos ou gêne, n'utilisez pas les poids.

Contracter les biceps

Cet exercice est le premier de la Série du Bras levé. Il améliore la forme de vos bras, enseigne une bonne posture et le placement correct de la cage thoracique lorsque vous vous tenez debout.

Objectif

- Se concentrer sur l'initiation du mouvement à partir de votre "centre" et sur l'allongement des bras sans bloquer les coudes.

Rappel

- Pliez et tendez les bras de façon contrôlée pour générer une plus grande résistance.

- Regardez devant vous et n'abaissez pas les yeux vers le plancher.

- Gardez les épaules abaissées et détendues lorsque vous levez les bras.

- Ne secouez pas les bras en les tendant d'aplomb. Concentrez-vous sur un mouvement régulier, contrôlé.

- Vos jambes doivent assumer la posture Pilates ; n'oubliez donc pas de faire entrer en action la face interne de vos cuisses et vos fesses.

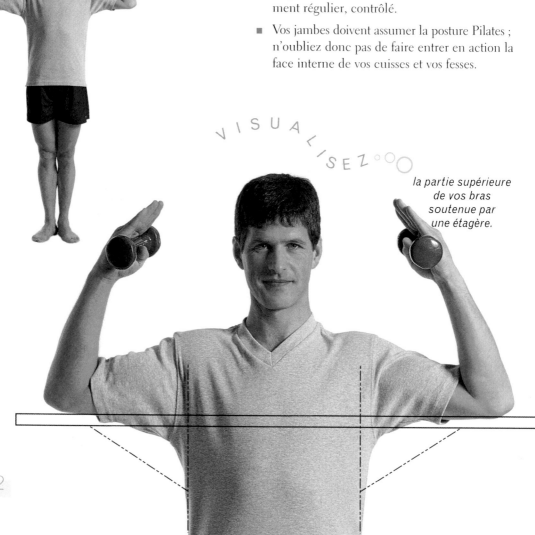

VISUALISEZ°°○

la partie supérieure de vos bras soutenue par une étagère.

1 Tenez-vous debout en la posture Pilates, les talons joints et les pointes des pieds écartées. Tendez les bras sur les côtés et légèrement en avant, les paumes tournées vers le haut. Gardez les épaules abaissées et regardez droit devant vous.

2 Inspirez et rentrez fermement le ventre. Pliez les bras, les avant-bras dirigés vers les épaules. Expirez et faites revenir vos bras à la position de départ. **Répétez de 4 à 8 fois.**

83

L'Insecte

Cet exercice est bon pour faire travailler votre "centre", bras et poitrine.

Objectif

- Rendre le dos aussi plat que possible. À mesure que votre force s'accroît, introduisez une pause quand vos bras sont en position ouverte.

Rappel

- Vérifiez que les hanches, les genoux et les pieds sont correctement alignés, les jambes fléchies pour pousser le coccyx vers le haut.

- Rentrez le ventre durant tout cet exercice.

- Contrôlez vos poignets quand vous levez – gardez-les toujours dans la même position.

- Vos bras doivent rester en ligne avec les épaules quand vous les tendez latéralement.

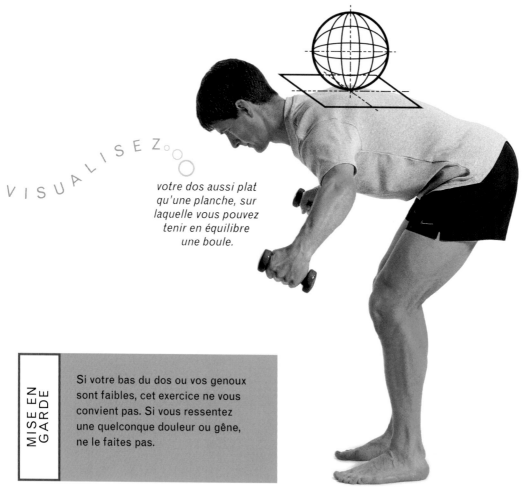

VISUALISEZ...

votre dos aussi plat qu'une planche, sur laquelle vous pouvez tenir en équilibre une boule.

MISE EN GARDE

Si votre bas du dos ou vos genoux sont faibles, cet exercice ne vous convient pas. Si vous ressentez une quelconque douleur ou gêne, ne le faites pas.

1 Tenez-vous debout, les pieds parallèles et en ligne avec les hanches. Fléchissez les jambes, détendez les bras sous votre corps et rentrez le ventre. Levez le coccyx vers le plafond jusqu'à ce que votre dos soit plat. Regardez le plancher devant vous, pour que le cou soit en alignement avec la colonne vertébrale. Pliez légèrement les bras.

2 Inspirez et tendez les bras latéralement, les levant pour qu'ils soient en ligne avec les épaules. Expirez pour abaisser et rapprocher les bras. Maintenez les bras au même angle, de façon contrôlée. **Répétez de 2 à 4 fois.**

Fermeture éclair

Cet exercice enseigne l'équilibre, la coordination, le placement correct de
la cage thoracique et le contrôle du "centre".

Objectif

■ Garder la zone de votre "centre" haute et
engagée et améliorer votre équilibre en vous
mettant sur la pointe des pieds tout en levant
simultanément les bras.

Rappel

■ Serrez les fesses et rentrez la face interne des
cuisses pour garder les talons joints, particulièrement en vous mettant sur la pointe des
pieds.

■ Utilisez le poids de votre corps pour générer
plus de résistance quand vous levez et
abaissez les bras.

■ Gardez les épaules basses et détendues
lorsque vous levez les bras.

■ Faites partir le mouvement de votre "centre".

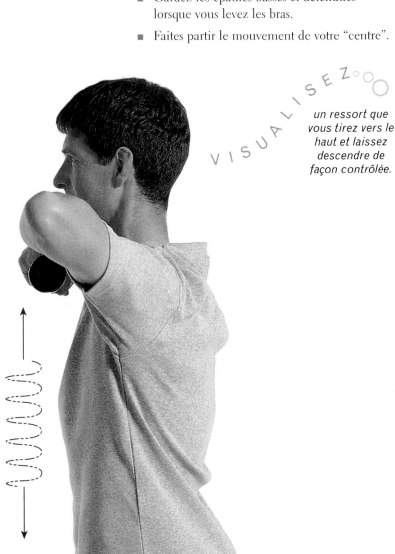

VISUALISEZ°°○

*un ressort que
vous tirez vers le
haut et laissez
descendre de
façon contrôlée.*

1 Tenez-vous debout dans la posture Pilates, les talons joints et les pointes des pieds écartées. Vos bras pendent sur les côtés du corps. Ramenez les mains devant vous, joignez-les et regardez en avant. Gardez les épaules ouvertes et détendues.

2 Inspirez en vous mettant sur la pointe des pieds et levez les mains vers votre menton. Vos coudes se lèvent sur les côtés de façon contrôlée. Gardez les talons joints en engageant votre "centre" et essayez de maintenir votre équilibre sans vous déconcentrer. Expirez et abaissez les bras et les talons, pour revenir à la position de départ. **Répétez 5 fois.**

87

Raser la tête

Cet exercice fortifie et tonifie la partie supérieure des bras et fait travailler le "centre". Il est plus difficile qu'il paraît et doit être effectué de façon contrôlée à partir du "centre".

Objectif

- En maîtrisant cet exercice, essayer de faire monter les talons en redressant les bras pour ajouter une difficulté de plus.

VISUALISEZ °°O

une ceinture maintenant vos abdominaux.

Rappel

- Les coudes doivent être largement ouverts quand les bras sont pliés.

- Tendez les bras loin de vous sans faire monter les épaules.

- Effectuez et contrôlez ce mouvement à partir de votre "centre".

- Gardez les talons joints durant tout cet exercice.

- Bien que le menton soit ramené vers la poitrine, votre regard doit se porter devant vous.

1 Tenez-vous debout dans la posture Pilates, les bras derrière la tête et les coudes largement ouverts. Joignez les mains pour former un triangle entre vos index et vos pouces. Inclinez-vous légèrement en avant à partir du torse et faites entrer en action votre "centre".

2 Inspirez en tendant les bras, les étirant en avant et vers le haut, en ligne avec les oreilles. Expirez et revenez à la position initiale, en gardant le contrôle. Assurez-vous que les coudes restent ouverts et que les épaules ne montent pas. **Répétez de 3 à 5 fois.**

Cercles avec les bras

Cet exercice est une excellente façon de prendre conscience de l'allongement de la colonne vertébrale et d'apprendre à ouvrir la partie supérieure du corps tout en contrôlant le mouvement depuis le "centre". C'est le premier exercice de la Série du Mur.

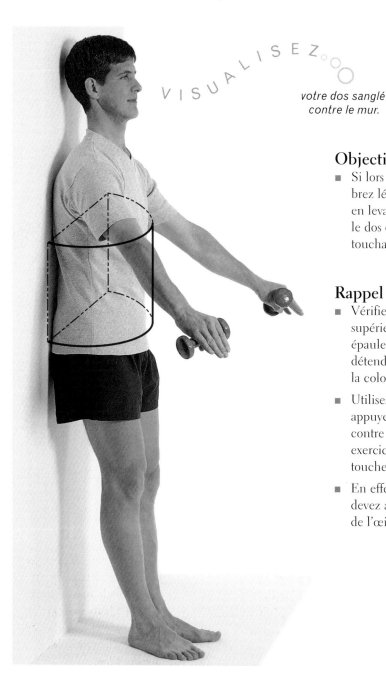

VISUALISEZ...
votre dos sanglé
contre le mur.

Objectif

- Si lors de cet exercice vous cambrez légèrement votre bas du dos en levant les bras, visez à l'exécuter le dos droit, avec chaque vertèbre touchant le mur derrière vous.

Rappel

- Vérifiez la position de la partie supérieure de votre dos. Vos épaules doivent être basses et détendues, votre cou aligné avec la colonne vertébrale.

- Utilisez votre "centre" pour appuyer fermement votre dos contre le mur tout au long de cet exercice au lieu de simplement toucher celui-ci.

- En effectuant les cercles, vous devez apercevoir vos bras du coin de l'œil.

1 Tenez-vous droit, le dos
contre le mur, les bras
sur les côtés. Écartez les
pieds du mur d'environ
20 cm et placez-les dans
la posture Pilates.
Rentrez le ventre et
regardez devant vous.
Allongez la colonne
vertébrale pour que
votre coccyx ne se
courbe pas en avant.

2 Inspirez en levant
les bras à hauteur
des yeux. Expirez
en décrivant des
cercles avec vos
bras, autour de
vous, vers
l'extérieur et en
descendant vers la
position initiale.
Répétez 5 fois.

3 Inversez le sens des cercles
en inspirant lorsque vous
écartez les bras, les faisant
monter à hauteur des yeux.
Expirez en les faisant revenir
à leur position initiale.
Répétez 5 fois.

91

Glisser sur le mur

Cet exercice met l'accent sur l'alignement correct de vos hanches, de vos genoux et de vos pieds lorsque vous fortifiez les jambes.

Objectif

- Utiliser le "centre" pour maintenir l'ensemble de la colonne vertébrale contre le mur pendant que vous glissez lentement et de façon contrôlée.

Rappel

- Vous devez sentir chacune de vos vertèbres collée contre le mur.

- Quand vous glissez, vos genoux ne doivent pas dépasser la pointe de vos orteils.

- Assurez-vous que votre poids est également distribué sur les deux côtés du corps et que vos genoux sont en ligne avec vos pieds.

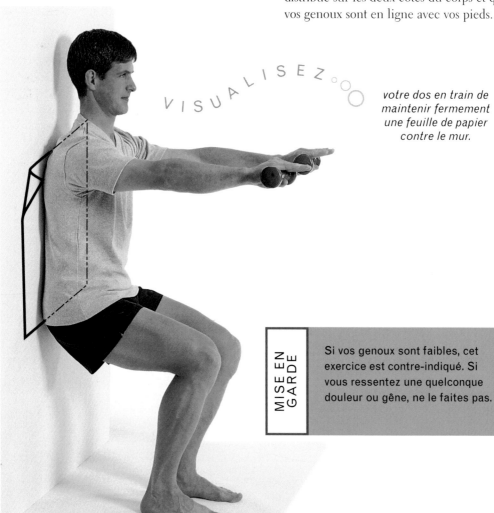

VISUALISEZ°○○ *votre dos en train de maintenir fermement une feuille de papier contre le mur.*

MISE EN GARDE

Si vos genoux sont faibles, cet exercice est contre-indiqué. Si vous ressentez une quelconque douleur ou gêne, ne le faites pas.

1 Tenez-vous droit, le dos contre le mur dont vous éloignez vos pieds d'environ 25 cm. Gardez les genoux et les pieds en ligne avec les hanches. Relaxez les bras sur les côtés, ainsi que les épaules. Rentrez le ventre. Étirez la colonne vertébrale, de sorte que votre coccyx ne se courbe pas en avant.

2 Inspirez et faites glisser votre dos vers la base du mur, en fléchissant les jambes jusqu'à ce que vos cuisses forment un angle de 90° avec celui-ci. Levez les bras à hauteur d'épaule en glissant vers le bas. Gardez cette position tant qu'elle est confortable, en retenant votre souffle. Expirez en vous glissant vers la position initiale, puis abaissez les bras sur les côtés. **Répétez 3 fois.**

VARIANTE AVANCÉE

Pour augmenter la difficulté, levez les bras en glissant vers la base du mur. Assurez-vous que les épaules ne montent pas et que votre dos reste plat contre le mur.

Rouler sur le mur

Cet exercice est conseillé quand vous ressentez le besoin de vous relaxer et de vous étirer pendant quelques minutes. Effectué régulièrement, il est susceptible de favoriser la correction des déséquilibres mineurs de votre colonne vertébrale. Si votre dos est raide, utilisez des poids pour un plus d'étirement.

Objectif

■ Rouler en montant et en descendant sur le mur, une vertèbre à la fois, en engageant votre "centre" pour contrôler le mouvement.

Rappel

■ Gardez le ventre rentré durant tout ce mouvement.

■ Assurez-vous que vos fesses ne montent pas en glissant sur le mur pendant que vous roulez vers sa base. Votre coccyx doit toujours être en contact avec le mur.

■ Prenez votre temps et effectuez cet exercice avec contrôle et concentration.

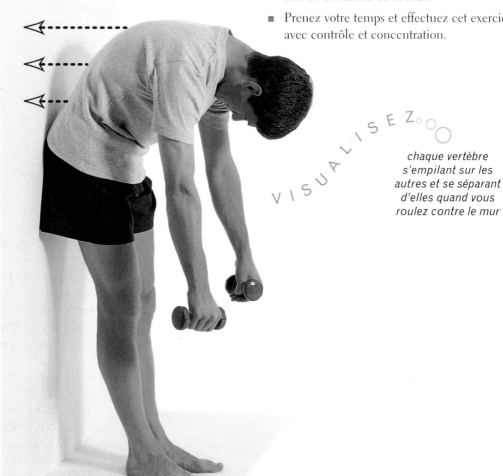

VISUALISEZ

chaque vertèbre s'empilant sur les autres et se séparant d'elles quand vous roulez contre le mur

94

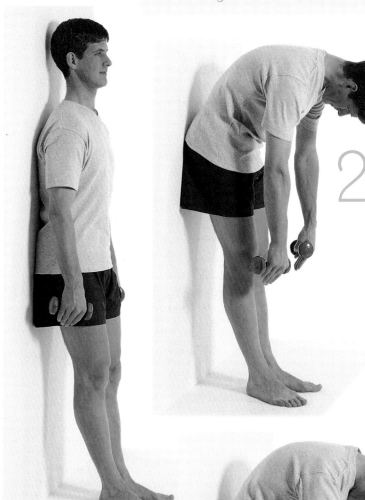

2 Le menton sur la poitrine, inspirez en commençant à rouler vers la base du mur, une vertèbre à la fois. Expirez en remontant en roulant vers la position initiale. Assurez-vous que le coccyx et les fesses restent toujours contre le mur. Les bras pendent flasques et détendus depuis les épaules.

1 Tenez-vous droit, le dos contre un mur, dont vous écartez les pieds d'environ 20 cm. Relaxez vos bras sur les côtés et rentrez fermement le ventre. Étirez la colonne pour que le coccyx ne se courbe pas en avant.

3 Respirez librement, mais gardez votre "centre" engagé pendant que vous faites tourner vos bras en cercle de 3 à 5 fois, les éloignant l'un de l'autre. Répétez, en les faisant tourner en cercle l'un vers l'autre. Roulez vers le haut, une vertèbre à la fois, inspirant à la base et expirant au sommet. **Répétez 3 fois.**

95

INDEX

Les exercices Pilates sont marqués en gras

Ajouter de nouveaux exercices *voir* Ordre

Bascule de la jambe tendue 8, 54–55

Bienfaits du Pilates 7

Blessure, diminuer le risque de, *voir* Sécurité

Cardage, Le 76–77

Ceinture de force 5, 8, 17

Centaine, La 12, 18–19, 33, 34–35

Centre 5, 8, 17

Cercles avec les bras 90–91

Cercles avec une jambe 12, 22–23, 38–39

Charpente 9

Concentration 9

Contracter les biceps 82–83

Corps, alignement 7

Corps, forme 7

Cou
   problèmes 14, 15, 18, 50, 56, 66
   relaxation 11

Coups avec les jambes 64–65

Coups de jambe latéraux 68–69

Coups avec une jambe 62–63

Dos, problèmes 11, 50, 56, 60, 64, 76, 84

Enroulement, L' 11, 12, 20–21, 36–37

Enroulement en boule 6, 12, 13, 24–25, 40–41

Entrecroisement 9, 50–51

Épaules
   problèmes 64
   relaxation 11

Équipement nécessaire 14

Étirement 7, 13, 17, 54, 94

Étirement d'une jambe 12, 26–27, 42–43

Étirement des jambes 9, 12, 28–29, 44–45

Étirement spinal en avant 12, 30–31, 52–53

Fermeture éclair 86–87

Fouettements des jambes 74–75

Gêne (*voir aussi* Mises en garde) 15, 33

Genoux, problèmes 15, 26, 62, 64, 84, 92

Glisser sur le mur 92–93

Grossesse 15

Insecte, L' 81, 84–85

Jambe rectiligne, Une 33, 46–47

Jambes rectilignes, Des 9, 48–49

Maladie 15

Manque de temps 13

Mises en garde 4, 15
   dos 50, 56, 60, 64, 76, 84
   genoux 26, 62, 64, 84, 92
   cou 18, 50, 56, 66
   épaules 64

Mode de vie 4

Ordre 12, 17, 33

Origines 5

Où pratiquer le Pilates 4, 14

Passage entre les exercices 9, 17, 33

Petits cercles 72–73

Pilates, Joseph 5

Pilates, posture 11

Planifier votre séance 13, 14, 33

Poids 81

Posture 7, 10–11

Principes 8–9

Programme basique 16–31
   exercices 18–31
   introduction 17

Programme facultatif 80–95
   exercices 82–95
   introduction 81

Programme principal 32–79
   exercices 34–79
   introduction 33

Qu'est-ce que Pilates ? 5

Quand pratiquer le Pilates *voir* Planifier votre séance

Raser la tête 88–89

Relaxation 6, 7, 11, 13, 17, 54, 78, 81, 94

Respirations 7, 8, 17, 18

Rétablissement après une opération ou une maladie 15

Roulement du cou 60–61

Rouler sur le mur 13, 81, 94–95

Sceau, Le 78–79

Scie, La 58–59

Sécurité (*voir aussi* Mises en garde)
   éviter les blessures 9, 15, 33, 81
   blessures existantes 12, 17, 81

Stress, gestion 4, 6, 7, 11, 13, 17, 78, 81, 94

Sommeil, problèmes 13

Souplesse 7

Suite du Coup latéral 33, 68–73

Suite du Bras levé 81, 82–89

Suite de l'Estomac 42–51

Suite du Mur 13, 81, 90–95

Tapis 14, 96

Tire-bouchon, Le 11, 56–57

Traction du cou 66–67

Transitions *voir* Passage entre les exercices

Va-et-Vient, Le 70–71

Ventre rentré 10

Vêtements 14

Visualisation 6, 11, 17, 33

REMERCIEMENTS

L'auteur aimerait remercier Romana Kryzanowska du Pilates Studio de New York et particulièrement Cynthia Lochard pour son dévouement de professeur de cette méthode. Merci à Michael Hepker et à Patrick W. Moore pour leurs conseils. Merci également à Amanda Courtney-Davies et à Rupert Rothmayr pour avoir posé pour les photos.

LECTURES CONSEILLÉES

• Lesley Ackland & Thomas Paton – *La Méthode Pilates en 10 étapes*, GUY TRÉDANIEL ÉDITEUR

• Lesley Ackland – *La Méthode Pilates en 15 minutes*, GUY TRÉDANIEL ÉDITEUR